信用卡理财
从入门到精通

既明 编著

清华大学出版社
北京

内 容 简 介

本书由拥有数百张信用卡、上百万元可用额度、使用信用卡多年的用卡专家，根据自己多年的用卡经验及帮助上万人成功办卡的心得，向大家分享如何玩转信用卡。

本书荟萃了众多粉丝喜欢的信用卡使用技巧，通过认识信用卡、选卡、申卡、用卡消费、积分、应用附加值、提额、个人贷款等 8 个章节的内容进行了具体的分析，帮助大家更好地使用信用卡理财、购物。

本书适合各类信用卡用户，特别是想提升额度和融资借款的卡友阅读，也适合相关用卡机构作为教材使用。

本书封面贴有清华大学出版社防伪标签，无标签者不得销售。
版权所有，侵权必究。举报：010-62782989，beiqinquan@tup.tsinghua.edu.cn。

图书在版编目(CIP)数据

信用卡理财从入门到精通/既明编著. —北京：清华大学出版社，2022.7
ISBN 978-7-302-60043-5

Ⅰ. ①信… Ⅱ. ①既… Ⅲ. ①信用卡－基本知识 Ⅳ. ①F830.46

中国版本图书馆 CIP 数据核字(2022)第 018089 号

责任编辑：张　瑜
装帧设计：杨玉兰
责任校对：周剑云
责任印制：朱雨萌

出版发行：清华大学出版社
网　　址：http://www.tup.com.cn，http://www.wqbook.com
地　　址：北京清华大学学研大厦 A 座　　邮　编：100084
社 总 机：010-83470000　　邮　购：010-62786544
投稿与读者服务：010-62776969，c-service@tup.tsinghua.edu.cn
质量反馈：010-62772015，zhiliang@tup.tsinghua.edu.cn

印 装 者：三河市东方印刷有限公司
经　　销：全国新华书店
开　　本：170mm×240mm　　印　张：12.5　　字　数：220 千字
版　　次：2022 年 8 月第 1 版　　印　次：2022 年 8 月第 1 次印刷
定　　价：49.80 元

产品编号：069808-01

前　　言

20世纪50年代，曼哈顿的信贷专家弗兰克·麦克纳马拉在纽约一家饭店招待客人用餐，结账时发现忘记带钱包了，只好打电话叫妻子带现金来饭店买单，因而深感难堪，于是麦克纳马拉产生了创建信用卡公司的想法，并与好友在纽约创立了"大来俱乐部"（Diners Club），即大来信用卡公司的前身。大来俱乐部为会员们提供一种能够证明身份和支付能力的卡片，会员凭该卡片到指定的27家餐厅就可以记账消费，不必带现金，这就是最早的信用卡雏形。

1959年，美国的美洲银行在加利福尼亚州发行了美洲银行卡。此后，许多银行加入了发卡银行的行列；到了20世纪60年代，信用卡很快受到社会各界的普遍欢迎，并得到迅速发展，在美国、英国、日本、加拿大以及其他欧洲各国也盛行起来；20世纪70年代，新加坡、马来西亚等国家和中国香港、中国台湾地区也开始推广信用卡业务。经过六十多年的发展，信用卡已在全球95%以上的国家得到了广泛应用。

第一张人民币信用卡是在1985年3月，由中国银行珠海分行发行的中银卡。1986年，中国银行又发行了第一张可在全国范围使用的信用卡——长城卡。

随着人们生活消费水平的不断提升和技术的进步，中国的银行卡累计发行量和消费规模稳步上升，如今中国交易金额在全球银行卡清算市场份额中排名第一。

《中国银行卡产业发展蓝皮书（2019）》报告显示，最近十年，我国信用卡发卡量从1.86亿张增长到9.7亿张，交易总额从3.5万亿元增长到38万亿元。虽然中国信用卡行业在快速增长，但和其他发达国家相比，我国人均信用卡持有量明显偏低。

比如美国信用卡人均持卡量已从2016年的人均约3张增长到2018年的人均约6张，而中国信用卡人均持卡量至今仍不足1张。信用卡在各地的发展非常不均衡，北京、上海、深圳等城市人均持卡量在全国范围内遥遥领先。

与此同时，我国信用卡持卡人的授信和负债却不低。工商银行统计数据显示，我国"80后"人均信用卡负债超20万元，"90后"人均信用卡负债超12万元。过去有房奴车奴，在当今全民负债的经济环境下，有了卡奴。

但是，一群熟悉信用卡的持卡人，却能从信用卡上面赚取超额回报。他们不仅能够免费使用银行的钱，还能够免费享受银行提供的出行、健康、教育、生活等各方面的贵宾服务。比如免费坐飞机头等舱，免费住五星级酒店，免费享受机场接送、贵宾厅服务，免费体检、洁牙、医院挂号、陪同就诊，免费请律师，免费健身、高尔夫、SPA，免费看电影，免费喝星巴克咖啡，免费吃五星酒店自助餐等。

其实，信用卡并非洪水猛兽，它是一把双刃剑。正确使用信用卡，不仅能够缓解资金压力，还能改善生活、享受各种权益，更是人生的第一桶金，甚至是跨越财富阶层的敲门砖。

这里简单列举一下信用卡的优势，你就会明白玩好信用卡原来可以收益满满。首先，信用卡都有免息期，在免息期内全额还款没有任何资金成本，也没有利息，在缺钱的时候可以解燃眉之急。这比各种贷款成本更低，而向亲友借钱的"人情债"，代价可能更高。

同时，货币都是有时间价值的，巧用免息期，合理负债，能够以小博大，撬动信用杠杆，很多人都依靠信用卡赚到了人生的第一桶金。笔者在写信用卡内容的几年间，见证了很多人利用信用卡完成了资本的原始积累，获取了超额回报，迈入了更高的财富阶层。

另外，合理使用信用卡，也能养成良好的消费习惯，同时还可作为辅助记账的工具，帮助自己掌握开销情况，进行财务规划。

保持良好的信用卡使用、还款记录，对自己的信用提升也大有裨益。随着现代社会的发展，个人信用的重要程度不言而喻，良好的信用卡使用记录就是最好的信用证明之一。银行在审核房贷、车贷等贷款时都会查看个人征信报告，信用良好的用户更容易获得贷款审批，甚至获得更高的额度、更低的利息。

其实只要正确使用信用卡，能够获得的益处远远不止上面介绍的几种，受篇幅所限，此处不再赘述，正文有更多详细内容，欢迎阅读。

作者持有数百张信用卡并使用多年，积累了大量的信用卡行业相关知识和实操经验，并开设了专门的信用卡公众号，免费帮助过数以十万计的人正确使用信用卡，从"负翁"变成富翁。需要说明的是，各银行信用卡政策经常会发生变动、更换，请以各银行的实时信息为准。

本书由既明编著，参与编写的人员还有谭焱等人。因作者知识水平有限、编写时间紧迫，书中难免有疏漏之处，恳请广大读者批评、指正。

编　者

目 录

第1章 认识信用卡，首先知道这些事 1

1.1 玩卡的终极目的和意义 2
1.2 信用卡的5大用途 4
1.3 关于信用卡，必须提防的几个骗术 10
1.4 如何成为银行优质客户 11
1.5 那些有关信用卡的传言是不是真的 12
1.6 信用卡额度为什么变成负数，99%的客服都不能给出完整的答案 14
1.7 一文看懂什么是一清机和二清机！教你如何识别二清机 16
1.8 下卡不激活使用，有什么后果 17
1.9 采用分期付款会多花不少费用 19
1.10 辟谣：闲置银行卡出售能赚钱 20
1.11 各银行信用卡必看8大内部数据汇总 21

第2章 选卡有妙招，适合的才是最好的 27

2.1 如何根据不同的对象选择卡片 28
2.2 如何根据不同性格选择卡片 33
2.3 如何根据特点选择卡片 34
2.4 中国银行信用卡选卡攻略 36
2.5 建设银行信用卡选卡攻略 39
2.6 光大银行信用卡选卡攻略 42
2.7 华夏银行信用卡选卡攻略 44
2.8 交通银行信用卡选卡攻略 46
2.9 工商银行信用卡选卡攻略 49
2.10 农业银行信用卡选卡攻略 54
2.11 必备的海淘信用卡大盘点 56

第3章 申请信用卡，怎样做才能拿下大额信用卡 61

3.1 各级别信用卡进件和批卡条件政策 62
3.2 审批信用卡，只看征信报告这3个点 64
3.3 根据银行拒绝申卡的原因，教你如何对症下药 66
3.4 了解招商银行信用卡审批政策及退件原因 67
3.5 18家银行面签流程注意事项汇总 71
3.6 异地申卡的一些技巧 74
3.7 信用卡申请渠道优劣对比 74
3.8 各银行信用卡申请顺序建议 76
3.9 什么是以卡办卡，如何以卡办卡 77
3.10 怎样办理大额信用卡 78

第4章 用卡有技巧，高手用卡攻略11招 81

4.1 养卡的两个秘诀 82
4.2 信用卡玩出111天免息期的技巧 83
4.3 16家银行曲线攻略、是否上征信汇总 85
4.4 信用卡到期的正确处理方式 88
4.5 刷卡和时间的成本、价值与力量 90

4.6 银行为什么会认为你在套现 92
4.7 玩转信用卡资金流，教你最佳方式 93
4.8 为什么费率低于 0.6% 的 POS 机不能刷 94
4.9 智能信用卡代还？全是陷阱 97
4.10 信用卡销卡 6 大坑 99
4.11 最全境外刷卡攻略 101

第 5 章 轻松变卡神，用好信用卡还能赚到钱 105

5.1 浅谈通过信用卡赚钱的方法 106
5.2 充分利用信用卡免息期赚钱 107
5.3 如何轻松玩转工商银行星级和刷星 108
5.4 各家银行兑换里程详细教程 113
5.5 关于信用卡的 3 个专项服务 121
5.6 关于信用卡的 6 项增值服务 122
5.7 白捡各大视频会员的方式 126

第 6 章 信用卡提额的这些秘诀，你可能不知道 131

6.1 申请提额有 7 大重要条件 132
6.2 各家银行信用卡提额技巧 134
6.3 16 家银行的信用卡"隐藏额度"，最高可达 865 万元 139
6.4 如何把临时额度转为固定额度 143
6.5 永久提高信用卡额度的捷径 144
6.6 如何快速提额——精养卡的秘诀 145
6.7 牢记用卡细节，避免失信 147

第 7 章 信用很重要，善用征信才会越来越有钱 153

7.1 了解个人信用报告 154
7.2 教你打造漂亮的征信报告 155
7.3 16 个关于个人征信报告的问题 156
7.4 新版征信报告什么样，一看便知 159
7.5 4 种查询征信报告的方法 166
7.6 如何申请征信报告的异议处理 169
7.7 刷卡后，征信报告会如何显示 169
7.8 逾期被银行催收手段一览及解决方式 170
7.9 信用卡逾期就会被认定为恶意透支吗 172
7.10 信用卡逾期，7 招避免上征信 174

第 8 章 个人贷款，买房买车可以这样做 177

8.1 买房缺钱？信用卡可以这样帮你 178
8.2 买车缺钱？信用卡分期贷款，轻轻松松提新车 183
8.3 公积金贷款，如果允许，应用最大化 187
8.4 关于商业贷款，一定要选择利率最低的 190

第 1 章

认识信用卡，首先知道这些事

学前提示

随着人们生活水平的不断提高和对物质的不断追求，越来越多的人开始使用信用卡。信用卡的普及也让人们的消费理念和支付方式都发生了前所未有的改变。

在使用信用卡之前，我们首先要认识信用卡，在本章中，笔者将从 12 个方面带领大家了解信用卡各方面的知识，做到知己知彼，百战不殆。

要点展示

- 玩卡的终极目的和意义是什么？
- 信用卡的 5 大用途
- 关于信用卡，必须提防的几个骗术
- 如何成为银行优质客户？
- 那些有关信用卡的传言是不是真的？
- 各银行信用卡必看 8 大内部数据汇总

1.1 玩卡的终极目的和意义

笔者常常会想,玩卡的目的是什么?或许大家的初衷和笔者一样,玩卡只是为了让生活变得更美好。每天都有很多人在聊卡,在本节中,笔者想先和大家聊聊人生。敬畏生命,不心存侥幸,才能把控人生。这一课也是成年人的必修课。

笔者从小身体不太好,到现在还是。至今仍依稀记得很小的时候生了一次重病,连续去了一个多月医院,每天打针,到最后两边屁股全都硬了,针扎不进去,每天打针之前要用热毛巾热敷之后才能打针。直到现在,每天早上起不来,一上班就犯困,也不知道是不是这个原因。

笔者肚子的左边曾长了一个硬包,刚开始没怎么注意,后来去医院,撩起衣服后亲眼看医生打了麻药,看他拿着手术刀在肚子上划开两道口子,从中取出不少脓血。手术后的两周,笔者每天都去医院换药,看着清洗完伤口的双氧水流满整个医用盘,看着长长的纱布沾满药水塞进肚子,直到现在肚子上还有一个小小的伤疤。

当时笔者还没超过 10 岁,但童年的意外还真不少。笔者感觉离死神最近的一次,是小时候去当地最大的母亲河洗澡,被湍急的水流冲走,比笔者大 4 个月的表哥过来救我,一起被冲走。我们两人挣扎着被河水冲了很远才被救上岸,窒息之前,感觉到我们以极快的速度被冲往下游,上岸之后半天回不过神。

至今右腿上还有两道缝针的口子,左腿、腹部各一道烫伤,眉头上还有一道伤疤,全身小伤口更是不计其数。稍微懂点事之后没那么调皮了,爱上了玩游戏,一玩十多年,直到大学毕业,久坐造成了腰椎疼痛和近视。

以上故事不是虚构,身体不好加上走路从来不看路,导致身上经常磕磕碰碰,所以笔者就暗下决心,以后有钱了一定要买保险。

买保险前需要向保险公司提供健康告知。健康告知与申请信用卡还真挺像。很多朋友会忽视健康告知或者对此没有清晰的概念,健康告知相当于保险的准入门槛,放卡圈里来说,等于申请信用卡的资质审核,资质不够不给下卡。

针对健康告知中的每个问题,需要向保险公司如实申报身体情况,例如是否抽烟酗酒,是否有脂肪肝,是否住过院,等等。只有通过了健康问卷的"筛选",才有资格购买这款产品。

不同银行的审批政策不一样,A 银行不给批卡,B 银行或许给你秒批大白金;每个产品的健康告知都不一样,这一款过不了不代表另一款也过不了。所以笔者还可以换一个健康告知较松的产品。

如果身体有点小毛病,健康告知过不了不能买保险,千万不要走人工核保或应保险公司的要求去体检,如果人工核保或应保险公司的要求去体检之后被拒保了,就会留下拒保记录，在一定时期内也无法购买其他核保更宽松的产品了。

因为重疾险的健康告知中都有这样一条：是否购买其他健康险时被拒保过，如有，则不能购买此产品。这就相当于信用卡审批上征信了，会在征信报告上留下被他行拒绝的记录。

好在笔者后来花了几个月时间恶补保险知识，知道了"智能核保"。智能核保其实就是把核保专员要做的工作交给了系统自动审核。其优势主要有以下两点。

(1) 时效性。智能核保只需要你在手机上根据自己的情况点选相应信息，操作完成后立刻出结果，整个流程一般不超过 5 分钟。

(2) 无痕操作。智能核保时不需要提供个人信息，也就是说，即使核保的结果是拒保，记录也不会被保险公司留存，不影响你购买其他保险产品。这相当于信用卡的预审批，即使不通过，也不会在征信上留下记录。

以上内容虽然看似和信用卡没有多大的关联，但实际上，其间有着千丝万缕的关系，因为我们玩卡的最终目的是想让生活过得更美好。那么，玩卡到底有什么意义呢？一张正面印有发卡银行名称、有效期、号码、持卡人姓名等内容，背面有磁条、签名条的卡片有什么神奇之处呢？

首先，信用卡能为你提供一笔 20～50 天的免息贷款。其次，如果是免息免手续费的分期大额消费。那么享受的期限就更长了。但信用卡不是对每个人都具有明显意义的，玩信用卡的终极意义和目的还有以下 3 点。

1. 你今天省下的钱能产生价值

能提前消费下个月的钱，这个月本来应该花出去的现金就省下来了，如果省下的钱躺在钱包里，躺在银行活期账户里，那么什么意义也没有。

余额宝类的货币基金，年化收益 4%以上，假设你用信用卡买了一个 5000 元的手机，那么 5000 元存 1 个多月的货币基金，能有 20 元左右的收益。可能有读者会认为 20 元太少了，那如果你投资的是年化收益率更高的产品，比如有 10%的年化收益，甚至是收益上不封顶的股票呢？

阿里巴巴上市闹得沸沸扬扬，企业上市，其中的一个意义就是，今天能用明天的钱，因为股价中是包含未来预期价值的。举上市的例子，就是为了将这一意义的各种变量放大，那么作为普通信用卡用户，是否也能将这些变量放大一点点呢？

一个企业实际的估值可能只有 10 亿元，但因为发展速度快，未来预期好，上市后在市场上的价值就能高达 50 亿元，甚至更高。这笔钱用在企业的发展上，会使企业的发展更快、更稳健。

比如，陈志武在《金融的逻辑》中提到，携程 2003 年上市使沈南鹏立即成为亿万富翁。通过上市变现的是携程未来多年的部分收入，沈南鹏继而于 2004 年投资分众传媒，创建如家快捷连锁酒店等企业，然后分众传媒又上市了……

2. 时间越长，金额越大，越有意义，尽可能提升一张信用卡的额度

在第一点的前提下，时间越长越有意义，相应地，金额越大也越有意义。如果是免息免手续费分 12 期，就有一年的时间，那么如何让你消费的金额变得更高呢？

普通人如果有一张 10 万元额度的信用卡，就能用于买大件物品首付款。不过，这笔钱的缓冲时间有限，你需要在一个月的时间里向亲朋好友借 10 万元，或用其他方法补上这个空缺。

所以对于自控力不强的人来说，一般不建议额度过大，以免不节制消费还不上欠款而沦为卡奴。

3. 补充现金流

对于专业的理财规划，笔者有一点建议，即准备好紧急备用金。笔者建议大家手上的现金流为 3~6 个月的生活费，不建议这笔钱用来投资，可随时赎回几乎无风险的货币基金类之外的产品。有了信用卡，紧急备用金可以进一步压缩。当然，还需要结合第一点，紧急备用金之外的钱是有更高收益的投资去向的。

其实，其他套现、优惠消费、积分换购，都是末节而已。对于理财来说，合理使用信用卡，能优化理财习惯，但延伸到投资方面，如果是"只有余额宝的人"，那就不要折腾信用卡来投资了。

1.2 信用卡的 5 大用途

了解了使用信用卡的目的和意义之后，我们再来说说信用卡的用途和好处。笔者总结为以下 5 个方面。

1. 节省生活开支

1) 信用卡能节省费用

例如，消费 5 万元，享受 50 天的免息期，如果按 5.4%的银行贷款利率计算，仅一个免息期，持卡人就可节省下近 400 元的利息。长期刷卡消费，省下来的利息不是一个小数目。另外，通过每期的账单能清楚地了解本月的生活开支用在什么地方、有没有超额，以便下个月进行合理的调整。

银行经常举办的购物刷卡赠送礼品活动，也能让持卡人省一笔钱。特别是在重大节假日，许多银行都会与一些大型商场和超市联手搞活动，此时刷卡消费就能获赠价值不等的礼品。例如，在有的活动中，持卡人刷卡消费 1000 元，就能获得价值 100 元左右的商品。

2）借钱不再是烦恼

如果用户着急用钱，而定期存款两周后才到期，这种情况下该怎么办？大多数人的第一个想法是向身边的熟人借钱，看看能否解燃眉之急，如果没有借到的话，就只能拿定期存单进行部分提取了。

那么为什么不向银行借款呢？信用卡产品最主要的功能就是透支，它根据申请人的信用情况核定信用额度，申请者可以在这个额度范围内进行透支消费或取现。该功能可以应对一般的突发事件，还不用损失定期存单的利息。

通过良好的用卡行为，可以提升持卡人的信用形象和信用分值，同时还可以提高持卡人在银行的贷款额度。

3）积分免费换爱物

使用信用卡消费后的积分可在指定的特约商店中直接兑现消费。持卡人持信用卡到发卡银行指定的特约商场刷卡购物，只要在刷卡时告知收银员用积分消费，就可以使用信用卡中的积分折算现金，折扣付款。积分折算现金的比例不一，例如兴业银行对信用卡积分折算现金的比例为 400 积分＝人民币 1 元。刷卡消费时，信用卡积分不足以抵扣消费金额时，不足的金额按一般刷卡消费从持卡人的信用卡中扣除。

例如，卡内有 4000 积分，可折算为人民币 10 元，如果购买 15 元的商品，会扣除 4000 积分，同时产生 5 元的刷卡消费；如果只购买 9 元的商品，会扣除 3600 积分。

2．提升信用形象

信用卡的信用凭证用途已经逐渐显现。拥有一张信用卡，也可体现持卡人有一定的信用。信用卡的实质是一种信用购销凭证，它的运作模式体现了背后银行信用或商业信用的支持。

1）持有知名品牌的信用卡

不同的银行，对于申办信用卡的资信审查的严格程度是不一样的。通常来说，大型商业银行对资信审查较为严格。与此同时，信用卡业务发展较好、达到一定量的银行，对资信审查也较为严格。若要借助信用卡来提升社会信用形象，就应选择持有一些审查条件严格而被众人知晓的知名银行的信用卡。

2）持有高信用额度的信用卡

信用卡的信用额度取决于持卡人的信用程度。白金卡、金卡的信用额度要高过一般的信用卡，因此，白金卡、金卡是一种高信用度的象征。

3）持有多家银行信用卡

一方面，不同信用卡的增值服务是不一样的，持有多家银行的信用卡可以满足不同的需求；另一方面，多家银行的信用卡搭配使用可以错开账单日，享受尽可能长的免息期，让资金运作更灵活。

选择 3 张以上组合型的信用卡再配上借记卡，资金能得到更好的管理，但拥有多张信用卡的前提是：用户是一个理智消费型的消费者，同时对信用卡的基础知识有一定的了解和认识，还需要有一定的卡片管理能力。不然多张信用卡只会给用户的生活增加许多不必要的麻烦。

4）持有联名银行信用卡

市场竞争的加剧促使众多发卡银行更加致力于增加产品附加值，提供与众不同的新产品，联名卡应运而生。一般意义上，联名卡是商业银行与另一市场主体(营利性机构)或社会组织联合发行的信用卡。通常持有联名卡的客户在联名合作机构消费可以享受额外的优惠。

如百货联名卡就是银行和百货公司联合推出的一种信用卡，这种卡能够充分享受百货公司的购物折扣，有的还会默认持卡人为百货公司的 VIP 客户，持卡人可享受来自双方的回馈待遇。有的百货联名卡还能让持卡人享受遍布餐饮、娱乐、生活、休闲等各个领域的优惠。

3. 信用卡买大件物品更省钱

随着物质水平的提高，追求小康的脚步逐渐加快，许多人开始盘算着如何圆汽车梦。购车并不是难事，只要有足够的资金。没有足够的资金或是有资金但还想贷款买车的人，首先会将目光投向银行，向银行申请汽车消费贷款。但有另外一类人，他们或满足不了汽车消费贷款的条件，或虽能满足条件却钟情于使用信用卡购车。于是，用信用卡买车就日渐成了一种时尚的信贷行为。

1）信用卡一次性刷卡买数码产品

随着生活水平的提高，人们对生活要求也越来越高，高档家电、电子产品都已成为人们追求时尚的必需品。向银行借钱买家电，最便利的方式就是直接用信用卡刷卡支付购买家电的费用，目前，刷卡购物已逐渐被社会认同。

例如，小田看到自己心仪已久的一款单反相机在搞活动，大幅降价。而促销活动时间只有一个月，这对她来说是个千载难逢的好机会，于是，她选择了两张能享受 50 天左右免息期的信用卡，共刷卡 1.5 万元，买下了那款单反相机。

在享用新相机的同时，她还算了一笔经济账。1.5 万元享受 50 天免息期，按当时 2 年期 6.13%的年利率计算，1.5 万元 50 天的利息就是 510 元。小田若在规定限期内还完所透支的额度，就可省 510 元。

2）信用卡分期付款买车

信用卡分期付款业务，是指持卡人在同意支付首付款的情况下，向银行申请其信用卡，从银行指定的经销商处购买汽车，经银行核准后，将审批通过金额平均分成若干期，由持卡人在约定期限内按月还款，并支付一定手续费的业务。

目前银行推出的信用卡购车分期付款业务品种，多数为"零利息，低手续费"，也就是一般不收取利息，但要一次性(即第一个月账单)收取 3%～10%的手续费(手续费因分期的期数不同而有差别)，也有一些银行按月收取手续费。不过目前有一些发卡银行和汽车企业合作开展的促销车款，甚至免收手续费。付款的期限一般有 12 期、18 期、24 期等。

例如，张先生看中了一款 12 万元的家用车，按信用卡购车分期付款业务的规定，他支付了 30%(3.6 万元)的首付款，余下的 8.4 万元分 24 期平均还款，每月偿还 3500 元，同时，还要一次性收取 7%的分期付款手续费 5880 元。

3) 信用卡现金分期付款买车

所谓信用卡现金分期付款业务，是指持卡人向银行提出申请后，银行将一定金额的款项转入持卡人在该银行开户的非信用卡账户内，由客户自由支配，客户按选定的期限分期归还该笔款项。

现金分期付款免抵押、免担保、免利息，只要求一次性支付一定的手续费(例如 4%或 7%的手续费)。持卡人提出申请后，银行将根据每个持卡人的信用、消费、职业、对银行的贡献度等情况，在几个工作日内核定一定数额的分期付款额度。例如，对于 2 万元到 10 万元的额度，银行推出的大多是 6 期和 12 期的信用卡现金分期付款业务。

在费用和费用支付方式上，信用卡现金分期付款业务类似于信用卡购车分期付款业务。例如，某持卡人申请 3 万元、6 期(手续费为 4%)的信用卡现金分期付款业务，那么他每月归还透支本金 5000 元，同时需一次性支付 1200 元的手续费。

4. 获取免费或便宜的保险

给信用卡用户提供某种回报或增值服务，是信用卡市场营销和产品设计中常用的方法，它可以极大地提高信用卡产品对消费者的吸引力，促进客户关系，增强客户忠诚度。

1) 获取免费保险

刷卡消费就能获赠保险，岂不一举两得？那么，哪家银行的信用卡赠送的保险最适合用户？接下来结合 5 家大型银行和浦发、深发展、光大、招商、平安、广发 6 家股份制银行的信用卡，就信用卡提供的保险产品进行比较，用户可根据自己的需求进行选择。

航空意外险：在中国银行、建设银行、工商银行、光大银行、招商银行、浦发银行这 6 家银行，只要使用信用卡支付全额的机票或支付 70%以上的旅游团费，就可以获得 50 万元至 3000 万元保额的航空意外险。中国银行保额最高可达 1000 万元，并有 1000～3000 元的航班延误费和行李损失费。

招商银行的 VISA 无限信用卡保额高达 3000 万元，还有 4000 元旅行不便险(包括航班延误/取消、行李延误/丢失、旅行证件重置、旅游中断保险等)。上海航空的浦发联名信用卡的白金卡持卡人可获得 500 万元旅行保险，而且配偶、子女也可分别获得 500 万元和 10 万元的保险保障。交通银行白金卡、深圳发展白金卡、平安信用卡开卡即可免费赠送航空意外险。

对于拥有私家车的群体而言，也有一些信用卡可以为其提供相关的驾驶员意外险。招商银行爱车的群体系列信用卡开卡后，即可免费获赠保额为 10 万元人民币的自驾车意外伤害保险。平安车主卡免费赠送最高 50 万元人民币的驾驶员意外险保障、最高 10 万元/人同车亲属意外险保障，并独家推出一卡保全车，免费赠送全车 5 人或 7 人的事故医疗保障，而且 10 月 31 日之前成功刷卡一笔(不限金额)还可获得最高 110 万元"1+6"全车人员意外保险保障一份。深圳发展白金至尊卡可免费提供 20 万元的高额驾驶员意外保险一份。

乘坐公共交通工具的消费者也可借助信用卡取得公共交通险的保障。平安携程商旅信用卡首刷即送海陆空全方位保险，最高可享乘坐飞机 200 万元、火车(包含地铁、轻轨)或轮船 50 万元、汽车(包含出租车)10 万元的交通意外保险。平安银行的保险信用卡，首刷次日起即可每年获赠全方位交通意外保障——最高 80 万元(包括飞机、火车、轮船、汽车等)。

平安银行白金卡、交通银行白金卡开卡即免费赠送公共交通意外险。

意外伤害险：平安银行的保险信用卡首刷次日，主卡持卡人即可每年获赠最高 15 万元的燃气用户意外保障。交通银行推出"刷得保"业务，客户可获得的保额将与持卡人的刷卡金额挂钩，保障额度随账单金额倍增。如果账单金额为 4200 元，那么客户可获得保额为 42 万元的综合意外保障，还有 50 万元航空意外险和 25 万元的轨道交通、轮船意外险保障。浦发银行的主卡持卡人，可获得为期 90 天、保额最高达 30 万元的意外伤害保险。

家庭财产险：光大银行吉祥三宝信用卡首刷后，持卡人和家人就可免费获赠保额为 5 万元人民币的家庭财产保险，不限地域。首次成功申领"平安银行信用卡"主卡的新客户，核卡首刷次日起即可获得 200 万元人民币的高额航空意外保障(限金卡客户)和家庭财产保险保障。

2) 获取保费折扣

信用卡保险与其他保险产品相比，在保费上有优惠。特别是期交保险产品，月缴保费会比同类产品的其他缴费渠道便宜一些。信用卡保险推出的险种多为保险产品组合，因此保费更划算一些。

例如，中信信诚保险金融信用卡所附加的信诚人寿"健康今生"组合保险，为专属寿险及附加重疾险产品组合，适合 10～50 周岁人士投保，提供身故保障、重大疾病保障、满期保险金等多种保障利益，月缴保费只需 280 元，由中信信诚保险金融信用卡自动代扣，充分满足客户对长期重大疾病保障、储蓄等综合保险理财的需求。

5. 获取价廉物美的旅游

对于一些旅游爱好者来说，很有必要持有多张不同银行的信用卡，因为信用卡可以让持卡人享受到多家银行组织的价格便宜、行住有优惠、性价比极高的旅游。

1) 信用卡旅游更实惠

现在各种航空联名卡数不胜数，选择一种适合旅游者的信用卡，能为旅程节省不少花费，也能体会到更贴心的服务。

航空联名卡除了具备一般信用卡的功能外，特别之处在于信用卡消费积分可以直接按一定的比例(如消费 18 元兑换 1 里程，不同银行不同卡片的兑换比例有所不同)兑换到与这张信用卡联名的航空公司的会员卡里(办理航空联名卡时航空公司会分配一个会员号给持卡人，会员号会同时印在信用卡的卡面上，当持卡人需要出行订机票时，可先查询一下航空会员卡里的积分，再根据所能兑换的数额进行兑换)。

2) 旅途全程专属优惠

目前，使用不同银行的联名信用卡，积分兑换的里程分值是不同的。比如，建行东航龙卡每消费 1 元可积累 1 个信用卡积分，每消费 1 美元可积累 10 个信用卡积分，而每 15 个信用卡积分可自动转换成 1 千米飞行里程，相当于 15 元人民币的信用卡消费可转变成 1 千米飞行里程；工商南航明珠信用卡也是每消费 15 元可积累 1 千米飞行里程，但 1 美元消费则累积 8 个信用卡积分，比东航龙卡少了 2 个积分；而国航知音中银信用卡则具有里程累积功能，首先前程万里积分将在用户每月账单日自动兑换为国航里程，兑换比例为每 18 积分兑换 1 千米国航里程，起兑标准为 18 积分，不足 18 积分部分自动累积到下一期账单。

3) 刷卡住店获惊喜

出门旅行，吃、住是否舒适，是决定旅程能否愉快的重要前提，也是旅途中开支较大的一部分。一般银行和酒店给顾客的优惠方式有以下 5 种。

按比例返现：农业银行、建设银行、招商银行、华夏银行等都和一些旅游网站合作，通过在线预订酒店并在指定酒店消费，即可享受一定比例房费的现金返额。

积分回馈：中信银行规定，通过中信携程商旅专线或网上预订的，持卡人每月成功预订酒店累计 N 间，可额外获得酒店成交金额的 N 倍积分；成功预订机票，可额外获得机票交易金额的 2 倍积分。这样丰厚的积分对消费者来说是很划算的。

享受贵宾级待遇：招商银行推出了很多酒店联名卡，这些卡不仅能让持卡人在酒店享受贵宾礼遇，还能享受一些折扣优惠和额外积分。

促销活动优惠：在五一长假或者国庆、中秋节假期，银行为鼓励出游时刷卡消费，也有一些针对性的促销活动。很多银行都会出台一些促进消费的政策。

指定方式享受优惠：有的银行会在自己指定的商户上，对持卡人给予更多的优惠。比如，招商银行的携程卡持卡人在指定酒店消费可以享受 2~7 折优惠，芒果卡通过在线预订酒店、机票可以获得双倍积分并享受金卡会员待遇。

4）信用卡旅游与车同行

当前，在自驾游十分普遍的环境下，一些发卡银行将信用卡旅游与旅行中使用的汽车联系在一起。例如，兴业银行曾推出自驾出租车服务的活动，规定在活动期间，凡持兴业银行信用卡的客户，在北京、上海所有门店享用自驾租车服务，刷卡支付200元以上的，即可参与抽奖活动，每位持卡人均有机会获得价值几十元至200元的奖品。一些银行组织的汽车卡自驾游活动，给持卡人提供免费的高品位的食宿，让旅程更开心。

1.3　关于信用卡，必须提防的几个骗术

信用卡给我们的日常消费带来了很多便利，殊不知，骗子们也经常以信用卡为噱头，千方百计想搞点事情。笔者在本节总结了几个很常见的持卡人会上当的骗术。

1. 购买POS机办卡新套路

小张近日接到"中国银联工作人员"打来的电话，对方称自己是银联商务中心的POS机部门员工，只要购买POS机就能办理一张5万~30万元的大额信用卡，收到后就可以刷卡套现。小张因手头需要资金周转，便按对方要求订购了一台POS机作为订金，向对方进行转账，并把身份证照片、个人资料都传给了对方。

如果你接到了此类电话，那么你只是骗子们撒网式打电话的目标之一。切记：办理信用卡要选择银行官网、银行授权合作网站或银行柜台等正规渠道。千万不要被"大额""套现"等字眼诱惑，大额信用卡在办理时是没有"捷径"的。

2. 来自伪基站的陷阱

当收到发件人为"XX银行"，或短信内容为"信用卡积分兑换现金、礼品""信用卡临时调额""办理大额信用卡"时，不明真相的群众常常会点击短信内附的不明链接，输入信用卡账户信息及动态密码，导致资金受损。

利用伪基站发送钓鱼短信是骗子们的常用套路。他们动动手指群发一下，就能把诈骗短信发送到千万部手机，短信内容和发件人都由骗子们自由发挥。因此，看到来自"官方号码"或以上所列内容的短信，千万不要轻易相信，更不要点击内带的不明链接。

3. 莫名其妙"被犯罪"

小李不久前收到一条短信，称其XX银行信用卡将扣除1200元的年费。小李从未办理过XX银行的信用卡，困惑中拨打了短信中400XXXXX的电话，对方自称是

银行工作人员,称查询到小李曾办理了一张额度为十几万元的信用卡并透支数万元。之后,小李又拨打了对方留下的"金融犯罪调查科"的电话,对方称小李身份信息可能被人冒用,涉嫌犯罪,必须配合,持卡到指定 ATM 上按对方指示操作。小李就这样给骗子主动送去了钱。

曾有高知教授和知名女星,都因"被犯罪"遭到重大资金损失。要知道,公检法机关绝对不会使用电话方式对所谓的涉嫌犯罪问题进行调查处理的,所谓的"安全账户"更是子虚乌有,千万不要被骗子排练好的剧本和语气唬住。

4. 机票退改签需提供信用卡信息?

小王有一天赶飞机出差,刚出门就收到航空公司发来的短信:"您于 X 日 X 时的航班由于机械故障已取消,需要拨打退票电话 XXXX 进行改签或退票。"小王拨打过去后,"客服人员"称需要其使用网银完成退款,小王按其要求提供了自己的信用卡卡号、有效期、验证码等信息……

接到航空公司短信或电话称航班已取消时,卡友们要留心了,不要轻易相信和拨打短信上提供的电话,应登录航空公司官网或拨打官方客服电话查询真伪,更不要透露自己的信用卡卡号、有效期、动态验证码等信息。

1.4 如何成为银行优质客户

成为银行优质客户的好处有很多,例如去网点能插队,有专门贵宾厅,有助于下高端信用卡,享受很多特权,有的逢年过节还送米、蛋、面、油。如何才能成为银行的优质客户,享受 VIP 服务呢? 笔者在本节将向大家介绍成为各大银行优质客户的方法。

1. 工商银行

工商银行是著名的"大妈行",大厅里经常有很多大妈在办业务,有时候我们去办业务还得排队等候很长的时间。而成为 VIP 之后,则可以去专属的 VIP 厅,省去等待的时间,享受专属的服务。因此,一定要成为工行 VIP。当然,成为工行 VIP 也很简单,我们无需进行存款操作,只需通过刷星就能成为 7 星级 VIP 客户。

另外可通过申请工行信用卡的方式直接升星,工行优质客户是按星级评的,只要星级到 5 级以上,就可以优先办理业务。关于工行星级以及刷星的操作手法,笔者会在后面的章节详细介绍。

2. 中国银行

中国银行号称"砖行",在中行要成为优质客户,就得"搬砖"。什么是"搬砖"? 就是要往银行里存钱。只要存款月日均达到 20 万元以上,次月即可享受贵宾客户,优先办理业务。

目前不管是储蓄卡、普卡还是白金储蓄卡，只要你存款达标，即可享受。叫号机都是动态管理，不达标的白金卡将不能享受。

3. 农业银行

"老农"很厚道，拥有存款或者大白金信用卡都可以插队。在存款方面，金卡日均 10 万元即可。

4. 建设银行

在建设银行，一般小业务都可以在网点大堂的超级柜台上办理。建行其实也有星级制度的，建行的星级制度和工行的类似，只要 4 星级以上就可以插队了，只不过建行的星级比工行的难升，需要买建行的基金或者保险，而且升到 4 星级需要比较大的金额。

另外，建行存款 3 个月 20 万元以上，可免费办理理财金卡，优先办理业务。

5. 招行、交行、浦发、兴业

招商银行金葵花——申请到经典白、百夫长、钻石卡片即可。
交行沃德财富——申请到交通银行的白麒麟卡片即可。
浦发卓信钻石——申请到浦发 AE（美国运通）白卡（日均要求已水涨船高）。
兴业自然人生——申请到行标白卡和行悠白卡即可（无须达标也能下）。

6. 其他高端

民生银行欣然、悠然、卓然借记卡——申请到 5 万元额度就可以享受火车站贵宾权益。
平安白金、钻石借记卡——最花哨，权益最多的借记卡。
中信易卡、悦卡叠加白金储蓄卡——收益最大化。

1.5 那些有关信用卡的传言是不是真的

经常会有卡友问笔者："听说 XXX，是不是真的？"其实很多有关信用卡的消息经过多人多次传播，已经产生了牛鞭效应，失真严重；加上有的卡友以讹传讹，就造成了各种传言，导致很多卡友无法分辨真假。在本节我们就来细数一下那些常见的信用卡传言到底是不是真的。

1. 信用卡逾期 1 天就上征信吗？

信用卡有一项服务叫作"容时容差"，规定持卡人最多可延迟还款 3 天，其还款差额可在 10 元以内，具体看各个银行的规定。

所以，即使晚还款了1天也不要害怕，及时还款就可以了。当然，最好不要赶到最后时刻还款，以免入账延迟而发生逾期；另外还有一种方法，即逾期后及时打电话与银行沟通，表明自己因没收到账单短信而忘了，并愿意立即还款，请求不要上报央行。实在不行，向银行表明自己愿意办理分期业务，谈到这的时候，银行一般都会法外开恩的。

2. 信用卡逾期就不能贷款？

问这个问题的卡友很多，特别是缺钱的人、近期需要买房的人。我们经常听到这样的说法：有过逾期就没办法贷款了。其实这样的说法未免有些绝对，一般信用卡逾期只要不超过3次，还是有机会成功获得贷款的，只不过额度比较低，而利率也会相对较高，这就体现了信用的价值。

3. 不良信用记录5年后消除

确实有这样的说法，但是，是有前提条件的。5年的保留期，前提是需要还清欠款。因此，千万不要以为注销掉信用卡，5年后就会自动消除不良记录，这显然是错误的。

4. 信用卡取现费用高

信用卡取现通常是为了救急，但由于费用较高，很多人不会使用信用卡取现。信用卡取现不仅有手续费，还会产生利息，这将是一笔不小的费用。但是，一些信用卡为持卡人提供了减免的优惠政策，是相对划算的。如果有取现的需求，不妨办理此类信用卡。

比如招商银行每个月的卖分活动(持卡人用钱可以购买银行的信用卡积分)，如果有经典白以上的卡片，正确地使用信用卡进行卖分，不仅能将费用挣回来，还能额外多赚一笔！

5. 信用卡不使用也会产生费用

现在的大多数普卡、金卡级别的信用卡都有免年费这样的说法。很多信用卡是免年费的，但是有前提条件。

如果你办理信用卡之后，从未使用过，就有可能要付年费了。因为通常信用卡的免年费条件为消费6次(首年免年费，刷满6次免次年年费)，而如果不使用，当然会产生年费。另外，还有一些特殊的卡种，无论激活与否，均收取费用。

6. 被收年费如何补救

如果像上述情况一样，你不幸中招了，还是可以补救一下的。建议立即拨打银行客服电话，说明情况，表示因疏忽忘记刷卡，申请在规定时间内补刷所要求的消费次数，笔者亲测此方法可行。

7. 关联自动还款也会逾期

为了防止忘记还款，通常我们会选择关联借记卡自动还款。但是，即使关联了自动还款也会出现逾期的可能，这是因为，当借记卡的额度低于账单金额时，就会扣款失败，而如果银行无二次扣款服务，就将造成逾期。

8. 额度低，销卡？

如果你拿到手的信用卡额度较低，笔者也不建议立即销卡。因为一方面可以在使用一段时间后进行提额，另一方面还可以参加银行的活动，很多银行的开卡礼就很划算。因此，即使对额度不满意，最好也不要随意注销。如果被银行"记仇"就不划算了，留着慢慢提额也是好的。

1.6 信用卡额度为什么变成负数，99%的客服都不能给出完整的答案

曾经有卡友匆匆忙忙找到笔者，问他的额度为什么变成负数了，难道被银行风控了？他表示很担心。

鉴于信用卡额度显示负数有很多种情况，而笔者相信99%的卡友都不知道所有的情况，笔者还故意试探性地考过多家银行的客服，没有一家的回答是完整的，甚至有几家的客服根本不懂，回答也是答非所问，所以笔者认为这个问题还是有必要在本书向大家科普一下的。

由于各家银行的描述可能不一样，每家银行的政策也有区别，所以笔者把各种情况一一罗列出来。

1. 溢缴款

当信用卡的还款额大于欠款金额时，多出来的这个部分会以负数显示，也就是所谓的溢缴款。

举个例子：信用卡信用额度为5万元，当期已出账单1万元，还款1.5万元，这时候的5000元就属于溢缴款，卡里会显示信用额度5万元，可用额度5万元，余额－5000元。

这种情况虽然显示有负号，但并不是说你的可用额度是负值，无须担心。不同的银行描述可能有差别，有的银行是对账单余额显示负数，而有的银行是对应还款金额显示负数。

关于溢缴款取出，有的银行需要收取一定手续费，而有的银行对溢缴款取出是免费的，具体可以咨询你的溢缴款银行。

2. 临额到期

这也是很常见的一种情况，这时候会显示"可用额度"是负数，而不是"应还款金额"是负数。

比如你的固定额度是 3.9 万元，临时额度是 1 万元，可用额度一共 4.9 万元。已使用额度 4 万元，可用额度 9000 元。但还没到最后还款日，这时候临时额度有效期到期了，就只有 3.9 万元固定额度，此时可用额度就会显示 -1000 元。

这种情况要注意，大部分银行规定临时额度到期都会计入本期账单，这部分需要全额还款，不能只还最低额度。

以上这两种情况是最常见，大家也几乎都是知道的，而下面的情况，可能很多人就答不上来了。

3. 只还最低还款

有的卡友因为资金紧张无法全额还款，就选择了银行推荐的最低还款功能，如果卡已刷爆，那么在下一个账单日出账的时候，可用额度会显示负数。

在此笔者要特别提醒大家的是：虽然银行三天两头推销分期、最低还款、预借现金，还给出了各种优惠活动，但是不到万不得已，千万不要用。这可是银行发行信用卡的利润源泉之一，这些利息算下来都是高利贷。

4. 优质客户容差

正常情况下，信用卡额度有多少，就只能消费多少，但是某些银行对于优质客户会有一个特殊的容差政策。比如某优质客户当前可用额度只有 500 元，然后刷一笔 600 元的消费，银行为了交易能够成功，就会让你此次把这张卡"刷爆"，交易仍然成功，可用额度显示 -100 元。一般而言，容差在固定额度的 5% 左右。同时能够有这种刷爆容差的客户，在银行眼里属于"优质客户"，可以试着申请提额了。

5. 费用

明明额度已经刷完，但是由于存在未及时还款产生罚息、滞纳金等费用，或者分期手续费占用额度等情况，就会显示可用额度为负数。

出现这种情况就很危险了，不仅有逾期的风险，而且银行有自己计算罚息的方式，你将承担更多的利息支出，建议尽快还清。

6. 分期

账单或单笔分期办理成功的当天，这笔金额会占用信用卡额度，暂时不能使用，从而导致分期当天的可用额度变少，甚至出现负数。但这种情况在当天系统结算后的次日会恢复正常可用额度，第二天再查询就正常了。

看到这里，肯定有卡友会问了，如果可用额度出现负数，是否会上征信？是否对自己产生不良影响？

从对各大银行的咨询来看，信用卡可用额度为负数不会看成是逾期，暂时不会影响征信，但建议先偿还清信用卡，当额度为正后再使用，以免造成逾期影响征信。同时建议大家一定要在账单出来之前至少将负的部分先还上，否则是会收取超限费的。

1.7 一文看懂什么是一清机和二清机！教你如何识别二清机

一清机的全称为"一次性清算机具"。一清机是指消费者的付款资金通过银联（或者第三方支付平台）直接打到商家绑定的账户上，中间不经过其他账户，有自己的独立后台，有官方的后台，资金清算途径如图1-1所示。

```
消费者刷卡（付款）
       ↓↓
银联（或者有牌照的第三方支付平台）
       ↓↓
   收款账户（到账）
```

图1-1　一清机资金清算途径

二清机全称为"二次性清算机具"。随着POS机市场的演变和竞争的加剧，市场上出现了POS机二清机。二清机就是没有支付牌照的公司，没有这个牌照是不得进行清算工作的。他们以自己公司的资质去申请多台POS机，把其中一台拿给商户用，资金是先进他们公司账户，他们再通过人工的方式转账给商户。由于清算过程中有人工干预，资金是有一定安全隐患的，但也不能说绝对不安全。

其资金清算途径如图1-2所示。

```
消费者刷卡（付款）
       ↓↓
银联（或者有牌照的第三方支付平台）
       ↓↓
     第三方账户
       ↓↓
   收款账户（到账）
```

图1-2　二清机资金清算途径

仔细想一下，你用自己的钱开了一家店，申请了一个二清机，那么消费者买东西的钱，先是到了 POS 机公司的账户上，人家再转给你。如果人家转账时资金少了，或者公司跑路了，你的钱也就没有了。

很多套码和跳码现象也多发生在二清机上，也是这个道理。而对于 POS 机商家来说，资金安全是最重要的，如果你的 POS 机是一清机，那么恭喜你，你的资金是相对安全的，如果你的 POS 机是二清机，那你就得注意了。

如何识别自己的 POS 机是一清机还是二清机呢？POS 机一清机和二清机有什么区别呢？

（1）一清机带有官方独立后台，支持实时查询交易明细。通过和官方客服核对工商执照信息和结算账户信息能准确分辨其是否为一清机，如果没独立后台的一定是 POS 机二清机。

（2）POS 机一清机的结算方式是 T+1 方式结账，就是说在第二天准时结账，有的二清机商家为了吸引客户，会实时结账，而有的二清机商家却迟迟不能到账。

（3）看打款方是谁，如果绑定的银行卡有网银的话就直接登录网银，看交易明细；如果打款方是有支付牌照的第三方支付平台，那就是一清机；如果打款方是个人或一般的公司，那就是二清机；如果没有网银，可以到柜台打印交易清单查看明细。

目前市场上甚至出现了三清机、四清机，希望大家不要碰到。如果是想申请 POS 机，可以去银行或者持有银行卡收单牌照的第三方支付公司办理。

1.8 下卡不激活使用，有什么后果

经常有卡友在申请信用卡的时候发现申请不了，银行不给进件了，说暂不支持此渠道申请，或者没有查询密码，问笔者该怎么办。

笔者猜其具体情况，大多都是网申申请不了，而且都是曾经有过下卡没激活使用，或者下卡直接销卡的情况。一回答，果不其然，都是如此。有的卡友说下卡后嫌弃额度低，怒而销卡；有的卡友就是申请着玩，看看有多少额度；有的卡友，卡下来了却觉得不适合自己，或者对权益不满意……

不激活使用的理由有很多，但银行会认为："你这不是逗我玩吗？"银行可能会认为你有恶意申卡的嫌疑，浪费银行的审核资源、办卡成本和人工成本，还占用了信用卡额度，让银行的信用金额没有落实到实际用处上去。所以，银行肯定会认为既然你都这么浪费了，又何必再批卡给你，让你再浪费一次呢？将心比心，换作银行，你会给一个之前批卡不激活使用的用户再批卡吗？

所以当有卡友问笔者这类问题的时候，笔者的答案总是：乖乖去网点。因为除了

上面的情况，下卡不激活还有其他危害。

1. 出现花信报

大部分银行给你审批信用卡的时候都会查看你的信用报告，申请次数多了，信报查询次数也多，后面再申请贷款、信用卡的时候面对征信频繁被查的用户，银行自然也会多一个心眼。

2. 留下不良记录

虽然你没有逾期，但是经常出现申卡不激活，空占着额度不使用，这样的征信记录银行也不喜欢。给你额度你不用，为什么还要再给你？这也会影响后续其他银行信用卡的申请和房贷车贷的申请。

3. 逾期风险

有的信用卡，即使不激活也有年费。"卡片一经核发，无论激活与否，均收取年费"，这句话大家一定看见过。同时，还有些卡片是有工本费的，比如民生故宫的雍正卡、兴业星座卡、浦发梦白金的自定义卡等，这些卡片只要核发就会收费，即使不激活不使用，也会一直有逾期记录。

网上类似的新闻不少了，比如：某某申请房贷被拒，查征信才发现上大学时申请了一张信用卡没有激活使用，欠了10元钱已经好几年，黑了征信后悔莫及。类似的事情，在笔者的微信群里也发生过，其后果就是直接申请不了房贷，损失惨重。

4. 被银行"记仇"

比如民生、交通这些银行，是有明确政策的，以前有新卡未激活记录是无法网申的。

所以，面对申请下来的卡，不想激活使用，正确的方法如下。

如果是对额度不满意：额度主要取决于你个人本身的资质，自身资质平平，银行凭什么一上来就给一个陌生客户大额度？更何况留得青山在，不怕没柴烧。先有卡，有了种子就有机会，再慢慢谋求后续提额。除非你是资金流，否则的话有卡比高额度更重要，玩权益并不是非要高额度。

须知每个人都是有总授信这个概念的，额度高了影响其他卡下卡。如果对额度不满意，要么带上房本、车本、工资流水等资质证明去网点申请提额；要么继续使用卡，通过保持良好的还款记录提额；要么和谐销卡，以后资质好了或者他行信用卡额度高了再战。不要怒而销卡，幻想一口吃个大胖子，银行没理由这样做。

如果实在不满意：请销卡。好比谈恋爱，不合适请和平分手，妥善处理。销卡前，请特别注意以下事项。

(1) 确认卡片是否需要收取工本费。如果需要收取工本费，应先将工本费存入该卡之后再销卡。

(2) 在已激活、不使用的情况下，每隔一个账单周期就致电人工客服，查看有没有未结清的欠款。

(3) 注意年费。

销卡可去柜台或者打客服电话办理。

最后，笔者总结销卡的 6 大注意事项：销卡销户区别大；销卡不销户有风险；逾期卡片谨慎销；未激活也可能产生年费；清账期内勿用卡；妥善处理失效卡。

1.9 采用分期付款会多花不少费用

相信大部分读者都知道，发行信用卡是银行的一种盈利方式。而信用卡的利润来源除了刷卡手续费的分成之外，另外一项重要的利润源泉就是分期手续费。银行总是通过各种方式大力推荐大家办理分期，例如现金分期、账单分期、信用卡取现、电话推销、一键申请等。

表面上看似费率并不高的分期，还经常做活动送礼品，如果利润不高，银行何必如此卖力推广呢？

一般的银行分期，可以提供 3 个月到 24 个月不同时间长短的分期，利率一般如表 1-1 所示。

表 1-1 银行分期利率表

分期期数	3	6	10	12	18	24
每期手续费率	0.95%	0.80%	0.75%	0.75%	0.75%	0.75%

12 期每期 0.75%，12 乘以 0.75%也就 9%，还经常打个折什么的。看似费率不高的分期，实际算下来贷款利率却是比较高的。

如果禁不住银行的大力推广而办理了分期怎么办？很多持卡人的第一想法肯定是提前还清账单，尽早结束分期，尽量止损。但是，一旦开始分期，哪能那么容易就结束？

有的银行或许还可以这样做，而有的银行已经推出了信用卡分期提前还款还要收取违约金的罚则。

中国工商银行在官网发布《关于对我行"分期业务"收费标准进行调整的重要提示》公告，自 2018 年 12 月 1 日开始，新增提前还款违约金项目。如果你办理了分期，又想提前还款，那么将收取还款金额 3%的违约金。

既然选择了分期，就要老老实实交够分期手续费，或者一次性缴 3%的违约金。

虽然 3%的违约金看起来好像不高，但这实际上是取决于你分期做了多久。假设你办理了一笔 12 期的分期，每期 0.75%的分期手续费，想要提前还款的话，违约金的实际年化如下。（注：该违约金比例和计算方法仅为举例，不同银行政策有区别，具体以银行实际执行政策为准。）

（1）如果分期 1 个月就想提前还款，缴 3%的违约金，一个月 3%，额外年化成本则为 36%。

（2）分期 3 个月想提前还款，3 个月付出了 3%，额外年化成本则为 12%。

（3）分期 6 个月想提前还款，6 个月付出了 3%，额外年化成本则为 6%。

在此笔者还未算分期手续费成本，但不管怎么算，都是亏的。所以笔者的建议是，能不分期就尽量不要分期。

1.10　辟谣：闲置银行卡出售能赚钱

想必很多人有这样的烦恼：手里闲置的银行卡有点多，不知道该如何处理。卖掉？貌似是个不错的选择，既可以处理掉它们，又可以小赚一笔。如果你真的选择这么做，一定会后悔的。说到这里，千万不要认为笔者是在危言耸听，处理闲置银行卡不得当，也会引火烧身。不信的话，我们来看以下案例。

上了年纪的甄大爷有些没用的银行卡，不知如何处理。向左邻右舍打听，他的老友给他出了一个"好主意"——卖掉！甄大爷一琢磨："嗯，可行，卖了还能赚点钱。"就这样，甄大爷把银行卡卖了。万万没想到的是，不久之后，警察找上了门。原来警察盯那个买卖银行卡的团伙很久了，并告知甄大爷，他也触犯了法律。为此，甄大爷后悔不已。

根据《中华人民共和国刑法》第一百七十七条规定的情形：窃取、收买或者非法提供他人信用卡信息资料的，处三年以下有期徒刑或者拘役，并处或者单处一万元以上十万元以下罚金；数量巨大或者有其他严重情节的，处三年以上十年以下有期徒刑，并处二万元以上二十万元以下罚金。

记住，就算用不上信用卡，也别让它变成"定时炸弹"，你的卡很可能会被用于洗钱、逃税、诈骗、虚开股票账户、转移存款等不法行为。

那么对闲置的卡该怎么处理呢？请看下面 3 个正确的处理办法。

（1）带着银行卡和本人身份证到银行申请注销。

（2）拨打信用卡中心的电话进行注销。

（3）将卡注销后，一般会由工作人员进行剪卡处理；如果没有，请自己剪掉，将碎片分开丢弃。

1.11 各银行信用卡必看 8 大内部数据汇总

如果想玩转信用卡,每家银行的一些基本数据信息必须掌握,笔者整理了 8 大银行的内部数据汇总于本节中,供大家收藏、随时查阅。

1. 银行评分标准数据表

关于评分标准的表格,目前市面上流行的版本有几个,笔者只选其中一个进行分享,如表 1-2 所示。

表 1-2 银行评分标准数据

项目	描述	得分	项目	描述	得分	项目	描述	得分
住房权利	无房	0分	从业情况	公务员	16分	户籍情况	本地	5分
	租房	2分		事业单位	14分		外地	2分
	单位福利分房	4分		国有企业	13分	文化程度	初中及以下	1分
	所有或购买	8分		股份制企业	10分		高中	2分
有无抵押	有抵押	7分		其他	4分		中专	4分
	无抵押	0分		退休	16分		大学及以上	5分
个人月收入	6000元以上	26分		失让有社会数济	10分	年龄及失信情况	女 30岁以上	5分
	3000~6000元	22分		失业无社会数济	8分		男 30岁以上	4.5分
	2000~3000元	18分	在目前住址时间	6年以上	7分		女 30岁以下	3分
	1000~2000元	13分		2~6年	5分		男 30岁以下	2.5分
	300~1000元	7分		2年以下	2分		未调查	0分
月偿债	无债务偿还	8分	婚姻状况	未婚已婚	2分		无记录	0分
	10~100元	6分		无子女	3分		一次失信	0分
	100~500元	4分		已婚有子女	4分		两次以上失信	-9分
	500元以上	2分					无失信	9分

还有一点就是大家不要较真,有的朋友也许会根据这个表格来算自己的最后得分,这个是完全没有必要的,关于这个表格,大家只需了解清楚每一项内容分值的大小即可。

不管是申卡还是网贷,如果是非白户人群,第一步就是去调自己的详版征信,先看自己详版征信最新的工作单位及信息是什么,然后在此基础上进行适当包装,而非在网页表格上随手填一下就能下卡的。

2. 各银行提额政策总结

关于临时额度,每家银行的周期都是不同的,一般都是一个月,临额的周期与金额大小和银行相关,具体参数如图 1-3 所示。

![各银行提额政策表格]

图1-3 各银行提额政策

3. 各银行提额时间

关于提额时间表，不管是玩卡小白，还是专业人士，都必须掌握。首先要懂得每家银行提额的规律和时间，对于新卡提固额，每家银行基本都需要用够半年以上时间，临额时间更快一点，但如果是老卡的话，一般以3个月为周期，具体如表1-3所示。

表1-3 各银行提额时间表

银行	再次提永久额度	再次提永久额度	第一次提临时额度	再提临时额度
中国银行	开卡6个月后可致电客服申请	间隔6个月后可再致电客服申请	致电客服申请，临调有效期60天	第一次失效后可继续致电客服申请
工商银行	开卡3个月后致电客服申请，3个工作日内给答复	间隔3个月后可再致电客服申请	开卡3个月后提前申请，2个工作日内给答复，临调有效期60天	提前致电客服2个工作日（不超过60天）给答复
农业银行	开卡6个月后致电客服申请	提前致电客服申请	提前致电客服申请	提前致电客服申请
建设银行	开卡6~7个月后致电客服申请	提前致电客服申请	开卡3~4个月后致电客服申请，有效期1~3个月	和第一次临调须间隔1个月后致电客服申请
招商银行	随时致电客服申请	间隔3~6个月后可致电客服申请	致电客服1个月当时告知	致电客服申请，当时即告知结果
交通银行	银行主动提高额度，致电无效	银行主动提高，致电无效	致电客服申请，临调有效期2个月	和第一次临调间隔2个月致电
浦发银行	致电客服申请	间隔6个月后可致电客服申请	致电客服申请，临调有效期45天	致电客服申请，和第一次临提无须间隔
光大银行	开卡6个月后可致电客服申请	开卡6个月后可致电客服申请	开卡3个月后致电客服申请，临调有效期45天	致电客服申请，和第一次临提无须间隔
华夏银行	开卡6个月后致电客服申请	间隔6个月后致电客服申请	开卡3个月后致电客服申请	和第一次临提须间隔3个月后致电客服申请
兴业银行	开卡6个月后致电客服申请	3个月后可致电客服申请	6个月致电客服申请，临调有效期30天	隔3个月后致电客服申请
中信银行	开卡6个月后致电客服申请	6个月后可致电客服申请	开卡3个月后致电客服申请，临调有效期1个月	间隔3~6个月后致电客服申请
民生银行	银行主动提高额度，致电无效	银行主动提高，致电无效	3个月后致电客服申请，临调有效期15天	提前致电客服申请

4. 各银行信用卡还款免息期汇总

关于信用卡免息期，笔者在这里提醒大家，不要刻意在乎免息期而时常薅羊毛。笔者一直强调，银行也是营利机构，如果你想提额，就想办法让银行从你身上赚钱，这样提额的概率才高，而非一直想着怎样从银行身上薅羊毛，如果你很小气，银行会比你更小气。表1-4所示为各银行信用卡还款免息期。

表 1-4　各银行信用卡还款免息期图

银行	还款方式	免息期	宽限期/容时
工商银行	按卡	25天	无
农业银行	按卡	25天	2个自然日
中国银行	按卡	20天	3个自然日（白金卡9个自然日）
建设银行	按卡	20天	5个自然日
招商银行	按户	18天	3个自然日
交通银行	按卡	25天	3个自然日
广发银行	按卡	标准卡26天，其他20天	3个自然日（每年一次）
中信银行	按卡	19天	3个自然日
民生银行	按户	20天	3个自然日
平安银行	按户	18天	3个自然日
兴业银行	按卡	20天	3个自然日
浦发银行	按卡	20天	3个自然日
光大银行	按卡	19天	3个自然日
华夏银行	按户	20天	3个自然日
花旗银行	按卡	20天	3个自然日
北京银行	按户	20天	3个自然日
上海银行	按户	25天	3个自然日

5. 各银行账单容时差汇总

关于容时差，请大家记住以下两点。

一是每期账单你只要还够最低额，是不影响征信的。

二是每家银行基本上都有容时差，只要你在容时差的范围内还够最低额，对征信是没有影响的。

举个例子，招商银行的最后还款日是每个月 25 日，容时差为 3 天，只要你每个月 28 日之前还够最低额，就不算逾期，也不会产生逾期费用。

当然，关于这点，有时候确实手头紧张或忘记，这种情况可以偶尔出现一两次，但是如果你经常这样就要小心了。在此笔者建议大家，账单出来之后就开始还款，不要等到最后还款日前一两天才想起来。表 1-5 所示为各银行账单容时差汇总。

表 1-5　各银行账单容时差汇总

银　行	容差金额	容时期限
工商银行	仅对未还部分罚息	无
中国银行	账单金额的 1%	普通卡 3 个自然日，白金卡 9 个自然日
建设银行	无	3 个自然日(需客户致电申请延时)
农业银行	普卡 100 元，金卡白金卡 200 元	2 个自然日
交通银行	10 元人民币或等额外币	3 个自然日
招商银行	10 元人民币或等额外币	3 个自然日
广发银行	10 元人民币或等额外币	3 个自然日
兴业银行	10 元人民币或等额外币	3 个自然日
中信银行	10 元人民币或等额外币	3 个自然日(需客户致电申请延时)

续表

银 行	容差金额	容时期限
民生银行	10元人民币或等额外币	3个自然日
光大银行	最多100元人民币或20美元	3个自然日(需客户致电申请延时)
华夏银行	10元人民币或等额外币	3个自然日
平安银行	10元人民币或等额外币	3个自然日
北京银行	10元人民币或等额外币	2个自然日
浦发银行	100元人民币或2美元	还款日3个自然日后的晚上9点前到账
上海银行	30元人民币或等额美元	还款日3个自然日后的晚上24点前到账
花旗银行	无	3个自然日(需客户致电申请延时)

6．各行取现手续费和利息汇总

各行取现的手续费和利息并非一成不变，有的信息会发生变更，请大家以最新的信息为准。表1-6所示为各行取现的手续费和利息汇总图。

表1-6　各银行取现的手续费和利息汇总

银行名称	取现手续费及利息
交通银行	取现手续费1%，最低10元，利息从第二天开始计算
中信银行	人民币：取现费率2%，最低20元，本金和手续费都有利息，万分之五，利息月结时不到1元收1元。本行与外行一样
	境外美元：取现费率3%，最低3美元，月结利息不足1美元收1美元。金币通卡因是转人民币，不足1元收1元
招商银行	取现费率1%，最少一次收取10元，本金万分之五
建设银行	取现费率千分之五，最低2元，最高50元
北京银行	1%，最少收取10元，当日开始计息，每日万分之五
广发银行	400元以上2.5%取现手续费，最低10元，手续费及本金计算万分之五利息
光大银行	2.5%，最低10元，从取现当天开始，本金加手续费每天万分之五利息
农业银行	1%，最低1元，从取现当天计算，本金万分之五
中国银行	中银系列：境内本行、ATM或柜台1%，ATM最低8元，柜台最低10元，境外国际3%，最低3.5美元
	长城系列：本行本地免费，异地本行1%，最低10元，异地跨行12元/笔，跨行本地4元/笔。境外国际3%，最低3.5美元
工商银行	本地本行免取现手续费，异地取款1%，最低2元，最高100元，本地跨行部分地区2元，部分地区4元。外币：按金额的2.9%收取，最低3港币、3美元或3欧元(含境内外)。取现利息每日万分之五
兴业银行	2%，最低20元，取现当日开始计息，每日万分之五。网银转到储蓄卡取现，可最低达卡额度的50%，最高可申请调到100%取现
华夏银行	SMART取现不收手续费，取现当日计息，每日万分之五。其他取现1%手续费，取现当日计息
民生银行	本行0.5%，跨行1%，最低1元
平安银行	2.5%，最低25元，取现当日开始计息，每日万分之五
上海银行	2%，最低30元，取现当日开始计息，每日万分之五
花旗银行	2%，最低30元，取现当日开始计息，每日万分之五

7. 银行催缴逾期客户程序

有的朋友卡片逾期之后,也不知道银行的催收程序。图 1-4 所示为银行催缴逾期客户的程序。

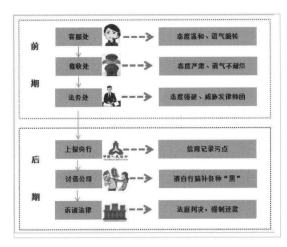

图 1-4 银行催缴逾期客户的程序

8. 各行快速进入人工客服

银行各项政策时有调整,具体以银行规定的为准,表 1-7 中的数据可供大家参考使用。

表 1-7 各行快速进入人工服务汇总表

银行	信用卡客服热线	快速找人工
工商银行	95588	按2进入人工服务→按2进入信用卡→连续2次输入自己的身份证号,系统提示非本行客户,随后直接按"#"号即可
农业银行	400-66-95599(手机)800-81-95599(座机)	按提示输入身份证号,系统提示非本行客户后,根据语音拨"0",即可转人工服务
中国银行	400-66-95566	按"3"进入办卡服务,再按"3"进入办卡咨询,再按2转人工服
招商银行	400-820-5555	按"3#"进入信用卡申请,按"1",再按"3"进入申请咨询即可接通人工
中信银行	400-88-95558	直接按"2#"申请挂失,随后按"2"进入人工挂失后可以进行咨询
广发银行	95508	广发银行信用卡人工客服未持卡人基本打不进去,想打人工客服只能找一个有卡的朋友帮你打了
交通银行	400-800-9888	按"1"选中文服务,按"#"进入办卡,按"0"进入人工服务,按提示输入身份证号即可
兴业银行	95561	按"1"进入信用卡频道,按"1"进入语音,输入身份证号,按"8",再输一次身份证号即可转人工客服
民生银行	400-66-95568	按"1"选中文服务,输入身份证号,按提示按"3#",随后按"2"即可进入人工客服
平安银行	95511	按"2"进入信用卡频道,直接按"1#"进入人工挂失专线咨询
建设银行	400-820-0588	输入身份证号,听完提示后按"#",随后按"0"进入人工客服,按"1",再输一遍身份证号,等待接听

第 2 章

选卡有妙招，适合的才是最好的

> **学前提示**　如今，各大银行持续不断地新增信用卡，让越来越多的人迷失在信用卡的选择上，有些人通过一张或几张信用卡就能满足自己的需求，有些人可能用了几年信用卡也没弄明白自己适合哪张信用卡。

要点展示

- 如何根据不同的对象选择卡片？
- 如何根据不同性格选择卡片？
- 如何根据特点选择卡片？
- 中国银行信用卡选卡攻略
- 建设银行信用卡选卡攻略
- 光大银行信用卡选卡攻略
- 华夏银行信用卡选卡攻略
- 交通银行信用卡选卡攻略
- 工商银行信用卡选卡攻略
- 农业银行信用卡选卡攻略
- 必备的海淘信用卡大盘点

2.1 如何根据不同的对象选择卡片

学会申请信用卡的技巧之后，选卡也是让卡友们纠结的一道关卡。接下来笔者将为大家介绍如何根据不同的对象选择适合自己的信用卡。

1. 时尚女性

为了达到感官上的冲击效果，多家银行在信用卡的卡面设计上做足了功课。不过，在挑选女性主题信用卡时，用户更应当看重银行提供的特色服务，而不应仅关注卡面有多炫酷。对持卡人来说，积分回馈是一项实惠的服务。图 2-1 所示为部分银行女性主题卡的对比情况。

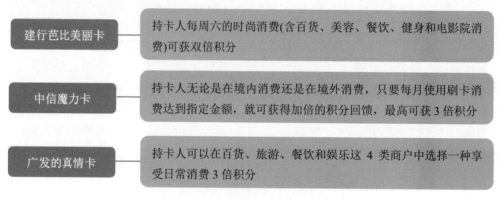

图 2-1　部分银行女性主题卡对比

除了积分之外，部分银行还赠送保险，中信、中行和广发的女性主题卡均赠送健康保险，广发还赠送重大疾病保险。

需要注意的是，一些银行的女性主题卡是和合作伙伴联名发行的，附加的特色服务主要由合作伙伴提供，用户需要比较这些服务的稳定性和实际品质。

2. 爱车族

如今，对很多年轻人来说，车往往是看中却买不起的"大件"。另外，油价不断上涨，让不少有车族也感觉负担越来越重，一辆普通的家用轿车一个月仅油费一项就得花上八九百元，加上每年的保险费和保养费用，养车还真不容易。

因此，爱车族不妨关注各大银行推出的与汽车相关的信用卡。如果用户持有一张信用卡，就可以通过信用卡的分期付款业务来拥有一辆属于自己的车了。同时，信用卡还涵盖了车主最需要的服务内容，不仅能为车主节省油钱，还有洗车、保养、保险等实用的优惠措施，具体如图 2-2 所示。

| 加油返现 | 用招商银行、广发银行等发行的汽车信用卡在中石油加油站加油,可以获得现金返还。 |

| 洗车打折 | 用建行的龙卡汽车卡,满1000积分可以兑换1升中石化加油站的95#汽油,还有在指定洗车门店享受每周一次洗车立减15元的优惠。 |

| 车险赠送 | 在车险优惠方面,不少银行为开卡客户赠送驾驶员意外险,另外就是在与发卡银行合作的保险公司购买车险,保费可打7折优惠。 |

| 维修保养优惠 | 大部分银行的汽车卡都有全年不限次数的换胎、充电、加水和30分钟内的机械维修服务。 |

图 2-2　汽车信用卡的优惠措施

3. 大学生

在巴黎、伦敦、纽约的大学校园,经常可以看到身着学生装的中国留学生熟练地使用信用卡,自由地在海外消费的场景。据了解,每年至少有 20 万学生出国留学,他们为金融机构打开了一条新的路径,多家海内外金融机构正紧盯留学生金融服务这一市场。中国留学生选择信用卡海外消费已经成为潮流。图 2-3 所示为中国招商银行发行的大学生信用卡。

图 2-3　大学生信用卡

由于学生使用信用卡的不良率持续攀升,银监会已出台新规禁止银行向未成年学生发行信用卡(附属卡除外),曾火热一时的"校园卡"基本全面停发。调查发现,银行针对学生的生意还是要做,只不过把原来针对在国内读书的孩子们变成了即将飞往世界各地的留学生们。

对去海外求学的留学生来说,信用卡确实是必不可少的金融工具。消费、住宿、租车、付小费等,很多都要靠信用卡来完成。银行也看准了这个商机,每年 9 月份之前，是各大银行猛推留学信用卡的时机。

当前，留学最热门的国家无非是美国、英国、澳大利亚和加拿大。民生银行就推出了欧元卡、澳元卡，可在中国银联和国际信用卡组织全球受理网络使用，其中澳元卡属国内首家推出。中国银行新推出的英镑卡，将提供以英镑为清算货币，即用英镑消费、以英镑还款的服务，也可用人民币还款，避免在英国消费时的多重货币兑换损失。此外，中国银行还有人民币-日元双币卡。

可供留学生使用的信用卡一般分为普通的双币信用卡，也就是人民币-美元双币卡；多币种双币卡，如欧元卡、港元卡等，其记账货币和结算货币都为欧元或港元，直接折算成人民币，可减少汇率损失。

4. 驴友

"驴友"是对户外运动、自助自主旅行爱好者的称呼，更多的是指背包客，就是那种背着背包，带着帐篷、睡袋，穿越、宿营的户外爱好者。

中国商旅市场的增长速度十分惊人，规模已稳居全球第二，商旅市场的持续升温，吸引各家银行纷纷发行旅游信用卡。2006年6月，中国建设银行和中国国际旅行社联合推出国内首张以旅游为主题的联名双币种信用卡。此后，旅游主题信用卡逐渐增多，成为新一类信用卡。

旅游主题信用卡为持卡人带来了实实在在的优惠。例如，建设银行国旅龙卡持卡人可以专享"旅游类期刊优惠""旅游特惠计划""旅游优惠产品""免税店优惠"等配套增值权益。图2-4所示为光大银行的旅游卡卡面。

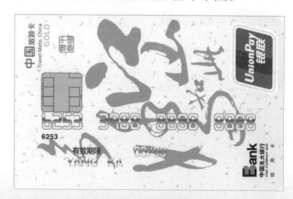

图 2-4 旅游主题信用卡

经常出去旅行的"驴友"，选择一张与携程、芒果、艺龙等旅行公司联名的信用卡，可以享受不少优惠。

5. 购物狂

网购达人罗小姐最近在淘宝电器城上购买了一部价值4000元的单反相机，进入支付宝收银台后，通过建行信用卡一次性付款就完成了购买。

罗小姐表示，爱上网购后，网上消费成了自己信用卡的主要用途之一。"很早就办了建行信用卡，但一直觉得支付起来不是很方便。"罗小姐介绍，原先使用建行信用卡在网上支付时单笔和每天累计的额度都是 500 元，如果想买一部 4000 元的相机，原来需要使用信用卡连续 8 天向支付宝每天充值 500 元，然后使用支付宝里的 4000 元余额进行付款。

如今，建行信用卡和支付宝就信用卡网上大额支付达成了新的合作。建行信用卡用户在淘宝网支持支付宝大额支付的商家购物时，不再受单笔单日 500 元的额度限制，可以一次付款购买几千元的商品。

据悉，目前和建行一样，支持支付宝信用卡大额支付的银行包括工商银行、中国银行、建设银行、交通银行、招商银行、广发银行、光大银行、兴业银行、中信银行、平安银行等。图 2-5 所示为上海银行推出的网购主题信用卡。

图 2-5　网购主题信用卡

到目前为止，仅淘宝平台支持信用卡大额支付服务的商家就超过了 20 万家，支持的商品超过 5000 万件。同一家银行会发行很多种类的信用卡，但是每张信用卡在用途设计上都会有所侧重，办卡人可以根据自身情况选择适合的信用卡。因此，"购物狂人"们可以选一张购物优惠多或是与某大型商场合作发行的信用卡。

6．商旅人士

在深圳一家质量认证机构工作的张先生是名副其实的空中飞人，基本上每个星期都要出差。利用累计航空公司的里程奖励，张先生每年换取的免费机票就能让一家三口乘飞机回家过年。最近，他准备办理一张信用卡，在刷卡消费的同时也可以累积航空里程。不过，面对各家银行发行的航空联名信用卡，张先生看花了眼。到底应该挑选哪一张呢？

对经常出差的商旅人士来说，选择一张航空卡最适合不过了。目前，商旅人士是银行的重点发卡对象。许多银行针对商旅人士的用卡特点，推出了适合商旅人士使用的具有独特附加价值的信用卡，如携程联名信用卡、航空联名信用卡、上网卡等。

多家银行推出的携程联名信用卡，既是信用卡，也是携程贵宾卡，如交通银行的太平洋携程联名信用卡、中信银行携程信用卡。在享用信用卡便利的同时，还可以累积携程网的"双重积分(携程积分奖励和银行刷卡消费积分奖励)，双重回馈(携程旅行网和发卡银行的回馈)"，可以免费享受携程网提供的全国酒店、机票的优先预订服务，还可以在指定的消费场所享受 2～9 折的优惠。刷卡买机票，附送高额航空意外险，此外，还有全球紧急求助服务。

由于市场上的航空信用卡种类繁多，如何选择适合自己的航空联名信用卡，并能较快地累积里程兑换机票，就成了一门学问。从积分兑换来看，中信银行的美国运通信用卡金卡较为划算，消费 8.33 元即可记录 1 千米飞行里程。

举个例子，广州飞上海的距离大约为 1308 千米，理论上，累积消费 19 620 元人民币(按每消费 15 元人民币积累 1 千米飞行里程计算)可换得一张广州至上海的单程机票，而如果使用美国运通信用卡金卡，消费 10 895 元左右就可兑换。

实际里程和航空里程的折算比例，主要考虑的是票价折扣问题，即折扣越少，航空公司给出的奖励幅度越大；反之则越小。机票的折扣高低与累积里程的数量呈反比，接近全价的机票，累积的里程则较多，这也是航空公司一般对 6 折以下的票价不予累积里程的原因。

7. 公务员

公务卡是指在公务消费中，公务员先透支消费，再由政府进行还款的银行卡。公务卡分为单位公务卡和个人公务卡。

例如，交通银行依照国家相关规定，结合预算单位日常财务工作实际情况，设计开发了交通银行公务卡(以下简称"公务卡")。图 2-6 所示为交通银行公务卡的卡面。

图 2-6　交通银行公务卡

公务卡的推出，可以进一步深化国库集中支付制度改革，规范中央预算单位财政授权支付业务，减少现金支付，提高支付资金透明度，加强财政监督。

另外，个人公务卡是由预算单位在职人员个人持有的信用卡，既可用于日常公务支出和财务报销业务，也可用于个人消费、取现，并可享受各项持卡消费优惠待遇。

2.2 如何根据不同性格选择卡片

如果从消费习惯的角度进行划分，可以将消费者分为 3 类：常规消费者、冲动消费者、理智消费者。

1. 常规消费者

笔者的好友莉莉在银行工作，她向笔者透露了自己的选卡秘诀："我手中的信用卡已有三四张，选卡的第一个要素是免年费，否则不予考虑。其次，我喜欢经常有促销活动的信用卡，通过参加这些活动，可以得到自己想要的礼物，比如我用的一张卡，看中的就是从中消费可送时尚杂志。还有一张是美食卡，就因为我爱吃美食。"

莉莉就是信用卡常规消费者的代表，他们使用信用卡只是图方便，将信用卡作为现金和支票的替代品，每月月底都会一次性结清欠款。

对于常规消费者而言，在考虑免年费、得实惠的同时，选卡时还要考虑还款方便、服务周到。有的卡只能凭签名刷卡，有的卡签名、密码均可；有的银行可为信用卡提供失卡保障功能，就是挂失前产生的损失由银行来买单。这些都需要广大消费者全面衡量，优中选优。

2. 冲动消费者

冲动消费者通常是指在某种急切的购买心理的支配下，仅凭直观感觉与情绪购买商品的消费者。

冲动消费者的基本特征为：在个人消费定式的心理构成中，情感因素超出认知与意志因素的制约，容易接受商品特别是创新时尚商品的外观质量和广告宣传的情绪刺激，一般对所能接触的头一件合适的商品，立即产生首因效应，不愿再做反复的选择与比较，迅速作出购买决定，同时付诸实施。

对于冲动消费者来说，需要注意的是，与普通借记卡不同，信用卡推行的财务理念是先消费后还款，一旦出现逾期还款，还会被银行追收高达日息万分之五的罚息，这要远高于普通的银行消费贷款利率。因此，面对市场上花样层出不穷的信用卡产品，冲动型消费者应从自身需求出发申办，清醒地认识自己的风险承受能力，并将个人拥有的信用卡数量严格控制在 3 张以内。

信用卡的日益普及，给众多消费者提供了更便捷的支付方式。据不完全统计，目前使用信用卡分期付款的持卡人比例虽然不高，但在使用此项服务的客户中，30 岁以下的年轻人却占了相当高的比例。因此，对于这个容易冲动消费的群体，采用分期付款、量入为出很重要。

3. 理智消费者

通常情况下，理智消费者会理解钱的来之不易，进而感受到合理消费的必要性，意识到要养成合理消费的好习惯。

另外，理智消费者维权意识强，理解维权在生活中的重要性，并知道作为消费者有哪些权利，懂得用法律武器维护自身合法权益。

理智消费者要做信用卡达人，首要步骤就是谨慎开户，弄清各银行的年费标准和一些常见特殊情况下的支出，例如经常容易被卡主遗忘的挂失费用。

信用卡作为透支消费的一个工具，已被很多人所熟知，但大家没太注意的是，巧用信用卡还可以有机会"赚钱"。很久以前，一个 27 岁女子突然风靡中国台湾岛，利用信用卡消费"红利点数 8 倍送"的优惠，仅靠刷信用卡，3 个月内就获利上百万元新台币，她便是杨蕙如。

在这个许多人因刷卡欠债的"卡奴"年代，杨蕙如"卡神"的故事近乎传奇。想要复制"卡神"的传奇固然困难，但是，我们也可以悟出这样一个道理：信用卡不只是简单的消费工具，对信用卡商家的优惠手段多加揣摩与对比，你一定也可以成为"信用卡达人"。

2.3　如何根据特点选择卡片

除了根据不同的对象选择卡片，我们还可以从消费的特点出发，将消费者分成 4 种类型：价格敏感型、品牌导向型、福利优先型、便利首要型。

1. 价格敏感型

如果用户对于价格特别敏感，那么他首先考虑的就是办卡是否付年费，部分银行会针对团体办卡提供首年免年费服务，或是对于特定单位办卡提供年费优惠。

笔者好友王涛使用某银行信用卡在国美电器采用分期还款的方式，购买了一部智能手机，总价为 2780 元，分 6 期支付还款，每期还款 463.3 元。因为利息为零，王涛以为自己赚了一笔，"相当于向熟人借了笔不要利息的钱"。可是，王涛事后发现，仅手续费就花去了 69.5 元。原来，该银行规定要收取提款金额的 2.5%作为手续费。

因此，持卡人要从自身需要出发选择适合自己的信用卡，还应充分考虑不同信用卡的交易成本、安全性、便利性等因素。

2. 品牌导向型

有些人对价格并不是那么在乎，对品牌却比较讲究。这部分人群可以针对自己喜爱的银行卡品牌提出办卡申请，无论用户崇尚的是国有四大银行的老字号品牌，还是商业银行的新品牌，都可以获得满足。

下面为用户推荐一些目前比较被认可的"品牌"卡片，如表 2-1 所示。

表 2-1　比较被认可的"品牌"卡片

信用卡种类	主要特点
中国银行长城卡	与其说是信用卡，不如说是具有收藏价值的信用卡，这是一张具有历史意义的信用卡
建设银行 MyLove 双币卡	采用国际最先进的精度高达 600 dpi 专用打印设备制作，卡面精致，图像清晰，彰显高端品位，完美地展现幸福瞬间
民生银行贵宾卡	提供多重办卡保障以及永久积分等优惠，常有花样繁多的促销活动，吸引人们前来办卡
浦发东方信用卡	享受众多贴心服务——失卡保障、"样样行"免息分期付款等，满足客户优越生活需求
光大银行阳光卡	增值服务富有特色，推出 48 小时失卡保障服务，可以最大限度地保证客户资金安全
中信银行 STAR 卡	国内首创为中信魔力信用卡持卡人提供女性健康保险，免费提供 50 万元旅游交通意外保险
交通银行太平洋卡	联手国内外多家航空公司，持卡人用刷卡积分便可换取机票，满足经常出差的商务人士的需要
兴业银行加菲猫信用卡	首创积分消费功能，并荣获最受持卡人喜爱的卡通信用卡奖
招商银行 young 卡	综合指数最高，拥有全球最佳的信用卡呼叫中心，能给持卡人带来最佳的刷卡消费体验
深圳发展银行发展信用卡	当客户急需现金时，可以提供高达信用额度 50%的预借现金服务，满足用户不时之需

3. 福利优先型

卡片能为用户带来什么福利，是用户最关注的重点，用户可先进行各项福利的比较，包括积分有效期限、附加保险、提供的银行配套优惠、商场折扣点等进行选择。另外，各种联名卡也是关注卡片福利者的最好选择。目前，中国已拥有上千个联名卡的合作项目，但是选择却很有讲究，如表2-1所示。

表2-1 选择联名信用卡的方法

信用卡类别	主要功能	选择原则
百货联名卡	百货联名卡可以是人民币，也可以是人民币＋美元(或日元、英镑)等双币卡，具有透支、消费积分、兑换商场礼品等功能，是"百货积分卡"和信用卡功能合一的卡	这类卡适合经常购买日用品，喜好购物者；品牌忠诚度高，经常在一家百货商场购物的人；住宅或工作单位靠近某百货商场的人。此外，使用前最好根据最常去的百货商场选择自己的信用卡类型；女性很容易冲动消费，必须控制自己的信用额度
航空联名卡	航空联名卡是银行和航空公司联名发行的，与普通卡的区别在于，航空联名卡消费的积分只能用来兑换各个航空公司的里程，获得机票奖励或升级服务，还可以提供一定的意外险保额、航空延误补偿及行李损失补偿等	首先，根据自己常坐或最喜欢乘坐的航班选定航空公司，进而选择银行；然后，比较各种信用卡的年费，选择最优惠的卡种；最后，选择"赠礼"最多的卡种
旅游联名卡	旅游联名卡是一种银行与酒店、旅行社、网络旅游服务机构合作的联名卡。使用旅游联名卡，能在旅游出行中获得高于普通信用卡的折扣和特殊服务，可以直接成为旅行社或餐饮公司的会员，享受信用卡透支、积分兑换等功能	首先最好列出自己想去的城市、国家，并收集想去的城市、酒店、航班以及购物信息等；其次确定在那些城市、国家中你所熟悉的或口碑好的酒店、购物中心，以及你所信任的航空公司，列出清单；最后选择能覆盖未来旅游出行各个方面的信用卡

4. 便利首要型

对于把便利放在首位的人来说，时间就是金钱。因此，用户需要知道的是，能否上门办卡，送卡、缴款是否方便，客服电话服务质量，网上银行的相关服务项目等。

2.4 中国银行信用卡选卡攻略

前面笔者利用不同对象、不同性格以及不同特点为大家进行了信用卡分类，帮助大家寻找适合自己的信用卡。那么接下来就以各银行为例，向大家推荐一些性价比较高的卡片。

中国银行信用卡又叫长城卡。中国银行信用卡下卡难度相对较大,提额也较慢,而且比较在意客户的已下卡行数,所以卡友们可以提前布局中行。中行信用卡的优点是活动较多,尤其是境外活动,积分也很值钱,网点也多,值得入手。笔者就推荐几张新人适合申请的中行卡片。

1. 中行都市缤纷白金信用卡

权益:

(1) 此卡卡户分期手续费 8.5 折优惠,持中行都市缤纷白金信用卡消费后,申请消费分期或账单分期可享受手续费 8.5 折优惠;选择分期,双重积分,持中行都市缤纷白金信用卡消费并累计积分后,申请分期付款,将再次获得相同金额的积分。

(2) 生日月消费双倍积分;境外消费双倍积分;新东方前途出国留学中介服务费立减 1000~2000 元,新西兰便捷签证服务;星级酒店住两晚送一晚;全国范围内五星级酒店,自助餐和下午茶两人同行享受五折等优惠。

(3) 中行都市缤纷白金信用卡,是为年轻客户推出的专属白金卡产品,刚刚走出校园、初入职场的大学毕业生凭毕业证和就业三方协议即可申请办理。图 2-7 所示为都市缤纷白金卡卡面。

图 2-7 都市缤纷白金卡

2. 中行美国运通(AE)白金卡

权益:

(1) 1 笔 15 美元首刷礼:核卡后任意首刷一笔境外交易,且金额不低于 15 美元,即可获赠 LAMY 狩猎系列宝珠笔一支或 Calvin Klein 洗漱包一个。

(2) 每自然月用 Visa/万事达/美运全币种国际芯片卡白金卡及以上标准卡(限制卡种要注意)在美亚、日亚、英亚、德亚四家国外亚马逊单笔消费满 100 美元返5%,每卡每月最高返 50 美元。

(3) 使用中国大陆地区发行的美国运通卡于活动餐厅预订页面提前预约,并使用美国运通卡支付全款,即可专享单点菜单餐品 7 折优惠。境外所有信用卡线上线下单笔消费满 600 元人民币达 5 笔，抽 1 笔返 6%，每自然月最高返 600 元人民币。

（4） 4 个季度中每季度 2 个境内接送机，每季度境外消费累计 800 美元可兑换一次境内接送机服务，满 1500 美元可兑换两次。

（5） 在 20 个知名品牌位于美国洛杉矶的近 115 家门店消费即享 10%返现。

3. 中行知音国航信用卡

权益：

（1）更优惠的里程累积，日常消费每月自动累积里程。每月消费所得信用卡积分将在每月账单日自动兑换为凤凰知音里程，白金卡兑换比例为每 12 积分兑换 1 千米凤凰知音里程，起兑标准为 12 积分，不足 12 积分部分将自动累积到下一期账单；白金卡境外消费 2 倍累积里程。持白金卡在中国大陆以外的国家和地区消费，可获得双倍信用卡积分，实现双倍里程累积。

（2）金卡额外赠送 0.5 倍积分，持凤凰知音国航金卡消费可获得"前程万里""缤纷好礼"双重信用卡积分奖励："前程万里"积分按月自动兑换成国航里程，额外赠送的 50%"缤纷好礼"积分可自主兑换成"中银积分 365"中的国航里程和其他丰厚礼品。

（3）更安心的出行保障，凤凰知音国航中银信用卡持卡人消费达到指定条件后，即可免费获赠一份由中国银行赠送的银行卡综合保险，包括公共交通意外保险、银行卡盗用保险、航班延误保险、行李损失保险等。中行知音国航信用卡如图 2-8 所示。

图 2-8　中行知音国航信用卡

4. 长城环球通爱驾汽车信用卡

此卡无车也能申请。图 2-9 所示为长城环球通爱驾汽车信用卡卡面。

权益：

（1）加油赠 50%积分，持汽车卡在全国任意加油站[MCC(Merchant Category Code，商户识别码)为 5541 和 5542]加油，即可累积 50%交易积分，即加油类交易消费 1 元可获 0.5 积分。

（2）车险增值，持汽车卡在中银保险购买车险保费达 3000 元及以上，可享受其提供的免费代办驾驶证年检及驾驶证换证、代理验车等增值服务(具体服务内容以当地政策允许为前提)。

图 2-9　长城环球通爱驾汽车信用卡

以上就是笔者推荐的中国银行的信用卡,总有一款适合你。

2.5　建设银行信用卡选卡攻略

建设银行的卡还是不错的,毕竟是四大行之一,特约商户热购、龙卡星期六、境外消费返现这些都不错。那么在建行申请什么卡好呢?

1. 全球热购信用卡(首选万事达白金卡)

权益:免费全球 Wi-Fi 十天,每月名额有限,活动有效期半年;万事达世界卡可享喜达屋酒店(Starwood Hotel)一夜升金——免费匹配万豪金卡(全套行政待遇);挂失前 48 小时最高 2 万元境外盗刷保障。

年费:Visa 卡和万事达卡的主、附卡均在有效期内免年费。图 2-10 所示为全球热购信用卡卡面。

图 2-10　全球热购信用卡

2. 龙卡汽车卡、ETC 卡

权益：

(1) 主卡积分换油：每 2.5 万龙卡汽车卡积分可换 100 元油费(按 100 元油费的整数倍兑换)。

(2) 积分 POS 机换油：起兑点为 5 万分，按 250 分的整数倍兑换；单笔交易最高可兑换 2000 元(50 万分)。

(3) 洗车优惠：指定洗车网点，白金卡最高立减 40 元，金卡最高立减 15 元，每周一次。

(4) 免费全国道路救援，ETC 版(各省市都有)专享；高速公路 MTC(Manual Ton Collection system，人工半自动收费系统)通道和 ETC(Electronic Toll Collection system，全自动电子收费系统)通道快速电子缴费；部分网点免费或优惠安装 OBU(On Board Unit，车载电子标签，可实现不停车扣费)，通行费优惠。

年费： 白金卡——主卡 580 元；金卡——主卡 200 元、附属卡 100 元。开户后首个账单日收取，不免年费，不激活不收取年费。图 2-11 所示为龙卡汽车卡卡面。

图 2-11 龙卡汽车卡卡面

3. JOY 信用卡

权益： 热购缤纷特惠，另外白金卡还有额外权益。

(1) 银联标准白金卡：国内机场 1 元停车；留学培训服务；境外自助游服务；入住海外多家香格里拉酒店尊享"住 3 付 2"或"住 4 付 3"优惠；尊享免费双人精美早餐及不同房型升级礼遇。

(2) 万事达标准白金卡：境外旅游精选权益；免签证服务费；海淘精选权益。

年费： 银联白金卡需消费 10 笔免年费。图 2-12 所示为 JOY 信用卡卡面。

图 2-12 JOY 信用卡

4. 龙卡家庭挚爱信用卡(银联卡)

权益：

(1) 预约挂号：全年无限次在全国一线城市三甲医院专家门诊享受免费预约服务。

(2) 全程导诊：全年每张卡 3 次一对一免费全程陪诊服务，包括诊前迎候接待、取号、挂号、付费、导引、陪同检查、取药等。

(3) 机场 1 元停车：在全国多个机场指定停车区每次刷卡支付 1 元可享每年 10 次 2 小时和每年 3 次 48 小时停车服务。

(4) 1 元接送机：在"易到用车"刷卡支付 1 元可享"北上广深接送机专享 108 元"代金券。

(5) 航空意外险：刷卡购机票或支付旅费(含机票)，可获赠 1600 万元高额航空意外险。

(6) 航班及行李延误险：刷卡购机票或支付旅费(含机票)，可获赠最高 2000 元航班延误险及 1000 元行李延误险。

(7) 免费代驾服务：主卡持卡人可拨打客服热线 400-820-0588 预约享受每年 6 次单程 50 千米内免费代驾服务。

(8) 体检齿科特惠：登录 www.ccb.e-ikang.com 尊享爱康国宾体检和齿科(含儿童)指定套餐专属特惠服务。

(9) 三重健康保险：登录 www.datebao.com/ccb/index 专享 1 元家庭保险礼包，含呼吸重疾险、乳腺癌险、儿童意外险等三重健康保险(限前 5 万名)。

(10) 消费信贷服务：可享装修、购车、车位、账单、教育分期等多项消费信贷服务。

年费：580 元不可减免，下卡就会收取，不论激活与否。图 2-13 所示为龙卡家庭挚爱信用卡(银联卡)卡面。

图 2-13　龙卡家庭挚爱信用卡(银联卡)

5. 龙卡全球智尊信用卡(银联钻石卡)

权益：信用卡与私人银行双客户经理(即私人银行与信用卡 1+1 客户经理)；全年免费享 40 余家国内机场中国建设银行贵宾厅服务；无限 PP(Priority Pass)卡，可带人进入贵宾厅；全年 36 次平日或 12 次假日高尔夫免费果岭畅打服务；全年免费高尔夫练球礼遇。

全年全国一线城市三甲医院专家门诊免费预约服务，家人同享；全年一对一免费全程导诊服务，包括诊前迎候接待、取号、挂号、付费、导引、陪同检查、取药等，家人同享。

最高 3000 万元航空意外险及最高 200 万元公共交通工具意外险(火车、地铁、轻轨、汽车、轮船等)；单卡每年保额最高 1000 万元，挂失前 72 小时失卡保障，覆盖境内外线下线上所有银联渠道产生的盗刷损失。

全年不限次数免费半径 100 千米的 24 小时汽车道路救援及紧急路边快修服务；减免损坏换卡手续费、挂失手续费、补制账单费、签购单调单手续费、卡片快递手续费、交易短信提醒费和超限费。每年免费提供一份全年消费报告。

年费：主卡 12 000 元，附属卡 4800 元。额度起点 80 万元，最高 800 万元。年费有条件免或积分兑换。图 2-14 所示为龙卡全球智尊信用卡(银联钻石卡卡面)。

图 2-14　龙卡全球智尊信用卡——银联钻石卡

2.6　光大银行信用卡选卡攻略

光大银行真正值得办理的卡是白金卡，比如龙腾白、航旅纵横白、凯撒白等，或者白条、网易考拉海购等。本节笔者介绍一下光大银行值得申请的信用卡和光大信用卡的一些活动。

笔者先说说推荐光大银行信用卡的 5 个理由。

(1) 光大发卡量可排前 8，足以媲美工、建、中、农、交、招等大行。

(2) 小白金权益比较好，积分可抵年费，送积分很大方，但不能兑换里程。

(3) 日常活动多，白金卡、金卡普卡活动分开。

(4) 信用卡 App(阳光惠生活)不错。

(5) 信报独立、账单合并(但需独立还款)。

接下来就为大家介绍光大白金卡。

光大白金卡权益都很不错，以下为所有白金卡都有的权益：全年 5 次免费高尔夫练习场；全年 1 次半价洁牙；全年 6 次免费汽车道路救援；全年 1 天免费至尊租车；全年 3 人免费专家挂号、陪同就医、健康咨询、电子档案等服务；免费 500 万元航空意外险、300 万元火车轮船险、100 万元汽车意外险。

年费：主卡 1188 元，首年 10 万积分抵扣 688 元、自行缴纳 500 元。以后可以 20 万积分抵扣全额年费(含主卡及副卡首年、非首年)，年费产生后 2 个自然月内，可通过电话 4008-111-333 申请抵扣年费(每月 20 日扣除)。

下面笔者为大家推荐 5 张卡，供大家参考。

1. 龙腾出行白金卡

额外权益：卡片批准半年内无限次贵宾厅权益(本人)；卡片批准半年内 9 点龙腾积分/年，贵宾厅权益(本人)；首年享 3 次航班延误险，航班延误 2 小时，最高赔付 300 元，无须买票；送 460 元龙腾抵用券；购买龙腾服务享 8 折。图 2-15 所示为龙腾出行白金卡卡面。

2. 凯撒旅游白金卡

额外权益：8 点龙腾卡积分/年，机场、高铁贵宾厅权益；2 次/年单程机场接送机服务；3 次/首年航空延误险；出行意外险。图 2-16 所示为凯撒旅游白金卡卡面。

图 2-15　龙腾出行白金卡

图 2-16　凯撒旅游白金卡

3. 光大小白金

基本权益：境外消费免货币转换费，境外取现免手续费，持卡用户终身免年费；

还可享受代办签证；赠送 100 万元出行意外保险、手机自动退税等。

活动权益：境外消费可返 8%现金，每卡每月最高返现额度高达 100 美元，可享国内机场贵宾厅服务、豪华酒店现金券等；用积分兑换京东钢镚，兑换比例为 1000∶1，1 钢镚=1 元人民币；在京东金融 App 白赚栏目，可以签到领钢镚，连续签到 7 天领 1 枚钢镚。

年费：终生免年费。

4. 小黄鸭主题信用卡(银联金卡)

权益：高额出行险——出行享受最高保额 100 万元的出行意外险；购物享优惠——持卡在中国大陆地区的 B.Duck 品牌服装、精品店消费可享受 8.5 折 VIP 权益。

年费：每卡 200 元/年，首年免年费，当年交易 3 笔或刷卡消费满 2000 元，免次年年费。

5. 光大网易考拉海购联名卡

权益：网购交易享积分，生日当月双倍积分；每月 16 日为光大考拉特惠日，联名卡用户享指定商品专属优惠，该权益是购物优惠特权，每月可享一次。其缺点是商品为指定商品，该商品不一定是你所需要的，或者价格不一定合适。

开卡礼：开卡即送 150 元考拉券大礼包，150 元大礼包分别为 99-10 元礼券 2 张，199-20 元礼券 2 张，299-30 元礼券 3 张。

年费：终生免年费。

以上即笔者推荐的光大银行信用卡，那么白金卡是不是很难下呢？其实申请光大银行白金卡的门槛并不高，卡友大胆地去申请吧。当然，如果没下也没关系，他们还有金卡普卡，权益也不错。

2.7　华夏银行信用卡选卡攻略

看完光大银行，我们再看看华夏银行办什么卡好。

1. 华夏精英·尊尚白金信用卡(银联)

权益：本人无限次华夏机场贵宾厅(北京、杭州、沈阳、大连、西安等城市)；全年道路救援服务，包括现场小修、送油、电瓶充电、拖车等。致电白金客服 4006-795-577 即可轻松报名申请该服务。

华夏商旅通预订机票获得双倍商旅金；本人不限次数的免费法律咨询；柜面贵宾通道服务；多项费用减免(挂失手续费、超限费、加急办卡手续费、信函快递费、短信交易提醒手续费)；挂失前 120 小时失卡保障，最高失卡保障 10 万元；银联 1 元机场停车。

年费：主卡 680 元/年。每年年费于次年收取，可于产生年费后 3 个月内使用 5 万积分兑换年费。金属版每年新增 5 万积分可免次年年费。图 2-17 所示为华夏精英·尊尚白金信用卡(银联)卡面。

图 2-17　华夏精英·尊尚白金信用卡(银联)

2. 华夏海航联名卡

权益：首刷礼送 1500 金鹏积分；刷卡达标再送 5000 金鹏积分；累积海航里程，16∶1 换里程；1 元机场停车；120 小时超长失卡保障。

年费：主卡 680 元/年；附属卡每卡 300 元/年，首年免年费，每年交易满 5 笔，即可免次年年费。

3. 畅行华夏信用卡

权益：免费道路救援；加油返现——尊尚白金信用卡当月非加油类消费 2000 元后加油返 6%(月返限 60 元)；白金信用卡当月非加油类消费 1000 元后加油返 2%(月返限 20 元)；代驾服务，尊尚白 5 次汽车代驾，白金卡可用 5 万积分换 5 次汽车代驾；畅行华夏信用卡具备 ETC 速通功能，绑定华夏 ETC 借记卡账户作为扣费账户，就会自动扣划通行费。图 2-18 所示为畅行华夏·尊尚白金信用卡卡面。

图 2-18　畅行华夏·尊尚白金信用卡

年费：

（1）尊尚白金卡：主卡680元/年。每年年费于次年收取，可于产生年费后3个月内使用5万积分兑换年费。

（2）白金卡：主卡200元/年。首年免年费，每年交易满5笔，即可免次年年费。如不满足上述条件，可于产生年费后3个月内使用2万积分兑换年费。

4. 华夏Smart卡

权益：每日首笔取现零手续费；溢缴款取现手续费全免；透支取现每日首笔免手续费。

年费：主卡200元/年。首年免年费，每年交易满5笔，即可免次年年费。

5. 华夏精英环球信用卡

权益：免境外交易服务费；免境外取现手续费；免加急办卡手续费；免信函快递费；免短信交易提醒手续费；申请万事达品牌华夏精英环球信用卡附属卡，核卡成功即赠3万积分；免费享受全年3次全球机场/高铁站贵宾室的候机/候车服务；1元机场停车，1元可尊享10次2小时及3次48小时停车服务。

年费：

（1）白金卡(万事达)：终生免年费。

（2）白金卡(银联)：主卡680元/年，附属卡免费。首年免年费，每年交易满5笔，即可免次年年费。

（3）尊尚白金卡(银联)：主卡680元/年，附属卡免费。首年免年费，每年交易满5笔，即可免次年年费。

（4）世界尊享卡(万事达)：主卡880元/年，附属卡免费。于次年收取。每年交易满2500美元或15 000元人民币可免当年年费；不满足则可用5万积分兑换。

2.8 交通银行信用卡选卡攻略

相信不少卡友的第一张卡片不是交通银行就是招商银行，而交通银行经典的卡片也不少，本节笔者为大家推荐几张值得玩的交通银行信用卡。

1. 白麒麟

白麒麟是交通银行经典产品，交行大白金级别信用卡，因卡面有麒麟图案，因此得名"白麒麟"，如图2-19所示。

权益：每年享6次沃德境内机场贵宾室和6次龙腾全球机场贵宾室服务；每年6次酒后代驾服务；交通银行营业网点VIP贵宾通道服务、白金电话秘书；美元账户消费3倍积分，生日当月人民币消费双倍积分，生日当日5倍积分；旅行公共交通意外伤害险、航班延误险(2小时起赔)、用卡无忧等。

积分18：1兑换里程，每年30万里程上限；交行最红星期五，超市加油10%满减；可以参加交行境外20倍积分活动，但是在指定国家、指定时间才能享受。此卡在权益上优惠多，是交行最值得办理的白金卡之一。

图2-19 白麒麟信用卡

白麒麟下卡方式：新户直接申请，3万元额度起批；交行3万元固定额度毕业申请； 50万元3个月沃德财富达标进件；交行主动邀请。

年费：年费可免。主卡基本年费1000元(核卡即计收，自选服务费用另计)，附属卡免基本年费(自选服务费用另计)。

但是该卡有多种方法免年费，比如新户核卡45天内刷3笔168元，免首年年费；也可以用25万积分抵扣年费。

2. 优逸白

此卡为交行的小白金，下卡门槛低，权益不错，年费可免，被誉为白麒麟的最佳替代品、低配白麒麟，2018年上线2个月就发卡超过100万张，足见其实力。图2-20所示为优逸白金卡卡面。

图2-20 优逸白金卡

权益：积分可兑换里程；18∶1 比例积分兑换里程，可换中国国际航空、中国东方航空、中国南方航空、中国海南航空，亚洲万里通路程上限为 15 万里程/年；龙腾机场贵宾厅，免费 3 次龙腾境外机场贵宾室；境外取现免手续费，境外超红 20 倍积分，规则同白麒麟，每月指定国家参与；可以在境内交行网点刷出 VIP 客户。

优逸白定位于交行 Y-POWER 卡到白麒麟之间的过渡，针对青年高端人群，下卡门槛比白麒麟低，还能免年费，且依然能够享受 18∶1 兑换里程，分行 VIP、境外 20 倍积分、银联白金权益等，性价比很高。拿不下白麒麟的，可以考虑优逸白。

年费：首年免年费，每年交易满 6 笔，即可免次年年费。

3. 沃尔玛卡

此卡为交行入门最值得申请的卡片，下卡容易且收益不低，每年能拿 927.5 元刷卡金。图 2-21 所示为沃尔玛卡卡面。

图 2-21 沃尔玛卡

权益：沃尔玛信用卡在沃尔玛店内刷卡消费不累计积分，店外人民币消费每 1 元累积 1 分，外币每消费 1 美元累积 7 分。沃尔玛信用卡消费的积分仅可用于兑换专用刷卡金，用于抵扣指定沃尔玛门店的店内消费，比例如表 2-2 所示。每年兑换上限为 10 万积分，一次性按 1%比例兑换，能够兑换 927.5 元刷卡金。

表 2-2 沃尔玛门店的店内消费积分兑换比例表

积分兑换区间	积分兑换比例		
	3000~6000 分	6001~10 000 分	10 000 分以上(含)
0~6000 分(其中首个 2999 分不兑换)	0.25%		
6001~10 000 分	0.25%	0.50%	
10 001 分以上(含)	0.25%	0.50%	1.00%

年费：首年免年费，刷满 6 次免次年年费。卡片分为金卡和普卡两个级别，年费政策都一样。

店内本周六至下周四乐享 2.5%刷卡金优惠，持沃尔玛信用卡于全国沃尔玛门店或通过沃尔玛手机客户端单笔消费(满 98 元即可享 2.5%刷卡金返还奖励；每周累计获赠刷卡金金额上限不超过人民币 25 元，每月累计获赠刷卡金总金额不超过人民币 100 元)。此活动需要在交行网站注册活动且上月刷交通银行信用卡任意消费累计满人民币 3000 元方可享受。

除此之外，沃尔玛卡每年还会组织几次专属活动，消费达标立减 50 元左右，在山姆会员店也能享受。

4. Y-POWER 卡

此卡为交行青年卡系列，针对 35 岁以下用户，下卡门槛低，年费可免，能享受各种交行活动。并且，Y-POWER 系列推出了很多主题卡，拥有对应专属权益，如 bilibili 主题卡、程序员主题卡，以及最近刷卡的时候卡面人物眼睛能发光的高达卡。图 2-22 所示为 Y-POWER 卡卡面。

图 2-22 Y-POWER 卡

2.9 工商银行信用卡选卡攻略

中国工商银行发行的银行卡统一命名为牡丹卡，那么工商银行有哪些卡是值得我们推荐的呢？

1. 香格里拉信用卡

工商银行香格里拉信用卡是由中国工商银行和香格里拉国际饭店管理有限公司联合推出的，汇集工商银行白金卡与香格里拉贵宾金环会会员卡的功能于一身的全球联名信用卡。图 2-23 所示为香格里拉信用卡卡面。

权益：

(1) 免外汇兑换手续费。

(2) 持卡人将自动获得香格里拉贵宾金环会黄金级会籍，并享有相应级别的会员待遇(现有贵宾金环会会员则保留原有效会籍级别)。

(3) 每 120 分工行消费积分自动兑换 1 分贵宾金环会积分，贵宾金环会积分可兑换香格里拉免费住宿、客房升级、即时餐饮奖励、水疗消费券、航空公司合作伙伴奖励计划等。

图 2-23 香格里拉信用卡

(4) 赠价值 400 万元的航空意外保险；乘坐航班发生航班延误、行李延误、行李遗失等情形，可申请保险赔付；账户安全险。

(5) 持卡人入住全球任一家香格里拉集团旗下酒店，享 9 折优惠；持卡人在全球香格里拉酒店餐厅用餐并使用工银香格里拉信用卡结账可享受 8.5 折优惠；持卡人在香格里拉指定酒店健身中心使用工银香格里拉信用卡购买个人年卡，可专享年费，最高 8 折优惠。

2. 凤凰知音牡丹信用卡

"凤凰知音牡丹信用卡"是由中国工商银行和中国国际航空股份有限公司强强联手、合作推出的全国性航空类联名信用卡。

这张卡集工商银行牡丹信用卡与凤凰知音卡的功能于一身，采用一卡双号(信用卡号与凤凰知音会员号)的形式，持卡人在使用信用消费、转账结算、存取现金等金融功能的同时，还能够享受凤凰知音常旅客计划的各种奖励与服务。其卡面如图 2-24 所示。

图 2-24 凤凰知音牡丹信用卡

此卡除了工商银行信用卡的通用权益外，还能享受刷卡消费积分自动兑换国航里程服务，每 15 分工商银行消费积分自动兑换 1 国航里程。

3. 工商银行途牛牛人信用卡

途牛牛人卡分为白金、金卡、普卡 3 个等级。其中，白金卡免首年年费，金卡和普卡免 3 年年费。

权益：途牛消费跟团游、自助游、签证、当地参团 9.8 折；白金卡一年两次、金卡一年一次免费送机；白金卡、金卡、普卡分别匹配途牛 5 星、4 星、3 星会员；每季度至少 4 条工行专属特惠线路；任意消费即可获赠账户安全险，最高获赔 5 万元；多币种免外汇兑换手续费。

保险服务：

(1) 航空意外险：可免费获得工行为您投保的 400 万元航空意外伤害保险。

(2) 旅行不便险：开元白金卡持卡人乘坐航班发生航班延误、行李延误、行李遗失等情形，可申请保险赔付。

福利：

(1) 送超值开卡入会礼包：礼包内容包括一张 30 元餐饮优惠券、一张 5 折自助餐优惠券、一张 6.5 折客房优惠券、一张 8 折客房优惠券。

(2) 送 300 元客房券：金卡新客户开卡 30 天内，绑卡消费一笔并且持卡人在开元酒店线上渠道订房支付，按照先到先得的原则，即有机会获赠一张价值 300 元的通用客房券。

(3) 客房最高 6.5 折优惠：白金卡匹配开元白金卡会员，享开元旗下酒店客房 6.5 折优惠；金卡匹配开元商祺金卡会员，享开元旗下酒店客房 7.5 折优惠。

(4) 餐饮最高 8.5 折优惠：白金卡匹配开元商祺白金卡会员，享开元旗下酒店餐饮 8.5 折优惠；金卡匹配开元商祺金卡会员，享开元旗下酒店餐饮 8.8 折优惠。

(5) 快速升级：0 消费直升会员权益。白金卡享受 3 年开元白金卡会员权益，金卡享受半年开元商祺金卡会员权益，半年内在开元酒店有一次消费则会籍有限期延长至一年。

(6) 免费机场贵宾厅：开卡即赠龙腾出行 6 次点数，可兑换贵宾厅或其他出行权益，包括接送机(站)、快速安检、代泊代取等服务。

(7) 尊享特权：开元商祺金卡客房可升级一档，享欢迎水果糕点、延迟退房等礼遇；开元商祺白金卡会员入住期间客房最多可升级两档、享欢迎水果糕点、下午茶、额外早餐一份、延迟退房等礼遇。

4. 工银 WeHotel 信用卡

福利：

(1) 开卡送 100 元礼券。成功办卡并使用即可获得 100 元优惠礼券(包括 WeHotel 平台 50 元酒店优惠券礼包)，并同时获得 WeHotelWe 会籍，享 WeHotel 平台订房 9.5 折起等会员权益。

(2)尊享满住送房礼。白金卡持卡人每住 10 晚即送经济型酒店 1 晚免房费券，金卡持卡人每住 15 晚送经济型酒店 1 晚免房费券，每人每年限享 5 次。

(3)积分兑换抵房费。持卡人可在工银 e 生活 App 中的 WeHotel 专区，将工商银行个人综合积分按 20：1 的比例兑换为 WeHotel 积分。

(4)专属折扣大礼包。持卡人可在工银 e 生活 App 中的 WeHotel 专区享专属福利，以 498 元优惠价购买原价 899 元礼包"10000WeHotel 积分+1 年 We 金卡会籍"。此卡卡面如图 2-25 所示。

图 2-25　工银 WeHotel 信用卡

高额保险：

(1)航空意外险：可免费获得工商银行为持卡人投保的 400 万元航空意外伤害保险。

(2)旅行不便险：工银 WeHotel 信用卡(白金卡等级)客户刷卡购买机票，乘坐航班发生航班延误、行李延误、行李遗失等情形，可申请保险赔付。

WeHotel 平台酒店品牌有：锦江星级酒店、锦江都城、康铂、锦江之星、百时快捷、金广快捷、麗枫、喆啡、ZMAX 潮漫、希岸、非繁城品、品乐、7 天、全新 7 天、7 天优品、IU、派、维也纳、欢朋等。

5. 宇宙星座信用卡

此卡是一款比较容易下的入门级别信用卡。

权益：免年费；生日当天消费 10 倍积分；五星级酒店自助餐、下午茶二免一；工银 e 生活爱购新客礼；爱购全球，境外消费最高返现 21%；容时、容差、0 外汇兑换手续费；免费送账户安全险+账户安全锁。此卡卡面如图 2-26 所示。

图 2-26 宇宙星座信用卡

6. 工商银行光芒 plus 系列

工商银行发布了光芒 plus 系列女性主题卡，此卡最大的亮点在于所有消费 1% **返现**，每月上限为 500 元。并且，境内、境外均可享受，不指定 MCC，不仅刷卡返现，微信、支付宝、京东支付等也能享受返现。其卡面如图 2-27 所示。

图 2-27 工商银行光芒 plus 系列信用卡

其他权益：
(1) 免费赠送账户安全险+账户安全锁。
(2) 容时容差，3 天还款宽限期，10 元差额，与行业一致。
(3) 五星酒店自助餐下午茶二免一(白金专享)。

截至完稿时这张卡尚未开放申请，笔者也只能预约。特别说明：虽然这是女性主题卡，但是目前从官方的反馈来看，男性也可以申请。

2.10 农业银行信用卡选卡攻略

关于农业银行的信用卡,笔者为大家推荐以下 3 种卡片。

1. 尊然白金信用卡

尊然白金信用卡分为典藏版和精粹版两种类型,卡面如图 2-28 所示。

图 2-28 尊然白金信用卡

典藏版:主卡的年费为 3000 元,附属卡的年费为 2000 元,可用账户内 15 万积分兑换主、附卡年费。

精粹版:主卡的年费为 880 元,附属卡的年费为 500 元,刷卡满 30 次免次年年费,也可用账户内 5 万积分兑换主、附卡年费。

精粹版权益:

(1) 全国近 50 个机场贵宾室无限次免费使用;机场免费代泊停车服务;持卡人可享受由 e 代泊提供机场代泊停车免费 3 日服务(每位持卡人仅限使用一次);可享受中国东方航空、新加坡航空、中国海南航空 3 大航空公司的机票优惠。

(2) 奢华酒店免费续住一晚。在凯悦、香格里拉、悦榕庄、温德姆酒店集团旗下指定酒店可享连续入住 2 晚,第 3 晚免费礼遇。

(3) 健康保险权益:每年赠送专业体检服务;每年 3 次专家预约挂号及全程陪同就诊服务;专家健康咨询;公共交通工具意外险;信用卡 72 小时盗失险;24 小时全方位免费道路救援;知名医疗机构折扣。

(4) 境外专享权益:免收国际结算费;境外随身 Wi-Fi 享 2 日免单;享自驾租车优惠;享受目的地落地服务。

(5) 留学服务:留学培训;留学目的地安顿服务;专属定制留学生保障计划。

典藏版年费为主卡 3000 元、附属卡 2000 元,可用账户内 15 万积分兑换主附卡年费。此卡年费贵很多,门槛高很多,性价比不如精粹白,不推荐,在此不多做介绍。

2. 尊然白金信用卡

尊然白金信用卡值得推荐，卡面如图 2-29 所示。

图 2-29　尊然白金信用卡

年费：免首年年费，刷卡满 12 次免次年年费。主卡年费为 580 元，附属卡年费为 300 元。

权益：10 次 2 小时 1 元停车服务，3 次 48 小时 1 元停车服务；新西兰便捷签证；环球旅行及医疗救援服务；凯悦酒店房价低至 8 折；万豪普吉度假村礼遇；六善酒店集团全球奢华礼遇；喜达屋酒店集团尊享礼遇；每年 3 次专家预约挂号及全程陪同就诊服务；信用卡 72 小时盗失险；出境保险。

3. 漂亮妈妈信用卡

活动非常丰富的漂亮妈妈信用卡卡面如图 2-30 所示。

年费：金卡单币卡年费 160 元，首年免年费，刷满 5 次免次年年费。

权益：6 积分兑 60 元周六亲子乐园门票；星级酒店游泳健身 18 元起；孩子王周六满 350 元立减 60 元；驴妈妈周六满 300 元随机立减，最高 200 元；迪士尼英语优惠。

银联白金卡权益：全国指定机场停车场或银联停车区，刷卡消费 1 元可享 2 小时

图 2-30　漂亮妈妈信用卡

停车或 48 小时停车服务；在安联保险官网的银联专区购买指定境外旅游保险，可享受指定保险产品市场公示价 5 折优惠。

瑞尔齿科享洁牙 5 折优惠(主任、总监医生不参与该优惠内容)。免初诊建档费及 X 光片 1 张、基础类治疗 8.5 折优惠、重大类治疗 9 折优惠。

Visa 白金卡权益：尊享申根国家签证绿色通道 7 折优惠；机场代泊 3 日免费停车服务(每位持卡人仅限使用一次)；尊享全球主要城市机场专车接送服务 10%优惠；入住海外多家香格里拉酒店尊享"住 3 付 2"或"住 4 付 3"优惠(适用于酒店特选房型)。

酒店特惠：尊享悦榕酒店和度假村"住 3 付 2"超值会员礼遇；预订 W 酒店旗下指定参与酒店尊享"住 3 付 2"或"住 4 付 3"优惠；尊享 Hotels.com 好订网全球酒店预订 9.2 折优惠；通过环球漫游专属活动网址可获取 2 日 Wi-Fi 免单优惠券；五星级酒店自助餐"两人同行享五折优惠"礼遇，覆盖全国近 25 座城市、50 家五星级酒店；五星级酒店下午茶"两人同行享五折优惠"礼遇，覆盖全国近 20 座城市、30 家五星级酒店，尊享五星级酒店 SPA 五折优惠礼遇；覆盖北京、上海、广州、深圳，12 家豪华五星酒店 SPA。

2.11　必备的海淘信用卡大盘点

虽然最近几年支付宝在海外的推广力度越来越大，但支持支付宝的商家在上千家外国商户中仅仅占了很小一部分，而所有的商家都是接受使用国际信用卡付款的。因此，拥有一张国际信用卡才能在海淘界如鱼得水。

目前国际上有五大信用卡组织和四家信用卡公司。表 2-3 所示为各卡组织的介绍和建议。

我们看卡上的标志就可以知道信用卡的发行机构或银行。按照信用卡账户币种的数目，可以分为单币信用卡和双币信用卡。就国内发行的信用卡来说，如果卡面上只有银联标志，就是银联单币信用卡。银联单币信用卡是仅以一种货币结算的信用卡，它以人民币为结算币种，无论交易币种是美元还是日元，都根据银联官方的汇率转换为人民币入账。

如果有银联+VISA / MasterCard/其他信用卡组织，就是双币信用卡。这类卡用两个账户(人民币和外币)结算，在国内消费时自然是以人民币账户结算，当在境外消费时则转换为账户结算币种入账。

目前各大银行也在推出全币种信用卡，事实上全币卡的实质依然是单币卡或双币卡，部分全币种信用卡卡面上只有 VISA 或者 MasterCard 标志，之所以被称作全币卡，是因为这类信用卡免收货币兑换费。如此一来，无论交易时使用的是何种货币，都安心无虞。

表2-3 各卡组织的介绍和建议

卡组织	介绍	提示
Visa/威士	VISA是目前世界上最大的信用卡组织。VISA在亚洲、美洲、澳大利亚的商户中接受度很高	建议Paypal用户使用VISA支付。除了欧元和英镑外，VISA的汇率与Mastercard差别不大
Mastercard/万事达卡	Mastercard和VISA一样，这两家国际组织在使用上区别不大	如果是非美元交易，如欧元与英镑，汇率上比VISA稍有优势，但Mastercard与Paypal绑定设置烦琐
American Express/美国运通	美国运通卡定位偏高端，而且对商户的费率较高，所以很多网站从成本考虑不接受AE卡	在美国网站购物，一张AE卡是必不可少的，比起V卡和M卡，AE卡的成功率更高
JCB	JCB是日本的信用卡机构，在日本商户中接受度很高，很方便	JCB的另一个优势是汇率比V或M卡要实惠很多，非美元交易很划算
Unionpay/银联	中国香港、中国台湾、日本、韩国以及美国和欧洲的部分商户已经开始接受银联信用卡	银联的优势是以人民币结算，不收取货币转换费，在非美元交易时建议选择

虽说全币卡听着很实惠，但也有不足之处，只能海淘或在境外使用，国内的刷卡网络不支持。海外网站支持的付款方式主要就是Paypal和支持外币交易的信用卡。为了便于支付，一张支持海淘的双币种或多币种信用卡就是必不可少的。选对信用卡，省下的都是真金白银。

接下来笔者将给大家推荐几种海淘信用卡。

1. 中国银行全币种国际芯片卡(VISA或MASTER)

优点：

(1) 带EMV芯片，安全性比普通磁条信用卡高。

(2) 比较注重海淘优惠，返利也给力，而且活动时间长，一般指定商户都有5%的返利，直接返到信用卡里，不会与返利网的返利重复。

(3) 终身免年费。

(4) 白金卡国外双倍积分。

缺点：

(1) 申请门槛较高，初次申请中国银行的白金卡需要20万元中银资产。

(2) VISA或MASTER单标，不支持银联通道，在国内使用有难度。

2. 浦发、美国运通白金信用卡

优点：

(1) 银联+American Express，国内国外都可用。年费3600元，免首年年费，次年年费可用20万积分抵扣。

(2) 个人无限 Priority Pass 机场贵宾厅卡一张(全球机场休息室)，卡面有效期 3 年。全年免费携伴 6 人次，超过免费携伴人次后，需支付 27 美元/人次使用费。机场免费接送每年 3 次。

(3) 支付宝、财富通都可以积分，可开通 5 倍积分权益，积分非常容易赚起来。

(4) AE 卡就是美国运通卡，海淘美系网站，不太容易砍单。

缺点：

(1) 次年年费需要 20 万积分兑换，需要一定的消费能力。

(2) AE 卡在非美国地区商户不算很多，出国游玩使用不太方便。

(3) 因为是白金信用卡，申请门槛较高。

3. 招商银行全币种国际信用卡

优点：所有外币交易(包含刷卡、网购、取款)自动购汇，人民币入账，仅需按账单以人民币还款即可。免收货币兑换手续费，无截止期限。

缺点：国内无法使用，且招行的汇率比较高，不是很划算。

4. 中国建设银行全球支付卡

优点：

(1) 所有外币交易(包含刷卡、网购、取款)自动购汇，人民币入账，仅需按账单以人民币还款即可。

(2) 免收货币兑换手续费，无截止期限；刷卡 10 次免当年年费。

(3) 银联和 VISA(MasterCard)双通道，国内可用，也可使用支付宝还款。

此卡也是建行目前主推的卡片，和中行 EMV 类似，它也是直接用人民币入账，并且有银联通道，国内可用，可以使用支付宝还款，特别适合小白用户。临额加固额有 3 万元就可以申请了。

缺点：属于白金卡级别，比较难申请；除了汇率优势外，相比其他白金卡，权益并不多。

5. 中国工商银行环球旅行卡

优点：此卡是工商银行主推的卡片，和工商的多币种卡差不多，但是卡面要好看百倍；10 种外币直接支付，无须货币转换；可以免去货币兑换手续费。

银联和 MasterCard 双通道，国内可用，可使用支付宝还款；金卡刷卡 5 次免年费，白金卡年费 2000 元，年周期内消费 20 万元可免。白金卡有 Priority Pass 卡，可无限次进入机场国际贵宾厅。

缺点：这张卡只有金卡与白金卡，没有普卡，比较难申请，申请后没有降级批卡的机会，建议对自己实力不自信的淘友申请工行多币种卡，除了卡面普通点儿外，基本功能是一样的。

最后提醒：随着卡友的数量变化，银行的政策也会发生变化，每张卡的具体优惠，在不同的时段会有所调整，请大家在办卡之前，先咨询一下该卡当前的实际优惠情况，以上内容为笔者调研时的数据，仅供参考。

第 3 章

申请信用卡，怎样做才能拿下大额信用卡

学前提示

尽管大部分人对于信用系统的了解并不深刻，但是随着未来个人征信系统的建设，个人信用将成为每个人的无形资产。

本章将从 12 个要点，带领大家了解信用卡的高额度申请技巧以及银行的"套路"。

要点展示

- 各级别信用卡进件和批卡条件政策
- 审批信用卡，只看征信报告这 3 个点
- 根据银行拒绝申卡的原因，教你如何对症下药
- 了解招行信用卡审批政策及退件原因
- 18 家银行面签流程注意事项汇总
- 异地申卡的这些技巧
- 信用卡申请渠道优劣对比
- 各银行信用卡申请顺序建议
- 什么是以卡办卡以及如何以卡办卡
- 怎样办理大额信用卡

3.1 各级别信用卡进件和批卡条件政策

本节以民生银行为例向大家分享银行内部详细的信用卡进件和批卡的额度、级别等政策。

信用卡申请进件的方式主要包括常规进件、以卡办卡、学历进件、法人进件、社保进件、行业进件、车辆进件、房产进件和银行业务往来。

不同的进件方式其批卡的概率、级别、额度都有区别，总体来说，按照以下顺序排列：房产进件>车辆进件>以卡办卡>社保进件>法人进件>学历进件>银行业务往来>常规进件>行业进件。下面讲解每种进件方式能够申请到的卡片级别和额度，以及对应的条件。

1. 常规进件

常规进件能够申请金卡、普卡，其额度为5000元~5万元。

2. 以卡办卡

持他行卡半年以上，能够申请金卡、普卡，其额度为5000元~5万元。

3. 学历进件

本地户籍全日制专科、外地全日制本科以上，能够申请金卡、普卡，其额度为5000元~5万元。

4. 法人进件

营业执照满半年以上，能够申请金卡、普卡，额度为5000元~5万元。不过银行普遍不太欢迎中小企业法人，原因主要是中小企业法人的收入不稳定，这意味着还款能力不稳定，且资金需求量大。

5. 社保进件

根据社保基数、城市的不同，能够获批普卡、金卡、标白等不同级别的信用卡，额度为5000元~10万元，详细规则如表3-1所示。

6. 行业进件

优质行业，根据职级不同，能够获批普卡、金卡、标白等级别的信用卡，额度从5000元到10万元不等。

7. 车辆进件

根据车辆价值不同，车辆价值8万元以上，能够申请普卡、金卡、标白等级别，额度从5000元到10万元不等；另外车辆价值50万元以上，配合房产，能够下豪白，额度为10万~30万元。

8. 房产进件

全款房满 1 年，按揭房满 6 个月，根据房产价值不同，能够获批普卡、金卡(房产价值 80 万元以下)；标白(房产价值 80 万元~160 万元)；豪白(房价 160 万元以上，结合优质单位/公司)；钻石(房价 480 万元以上，一年有限公司)，详细情况如表 3-1 所示。

表 3-1 广州民生银行关于进件的具体条款

进件通路	代码	额度/元	卡级别	进件通路	所需材料
常规进件	TB	5000~5 万	金普	注册资本 300 万元以上成立时间 1 年或注册资本 100 万元以上成立时间 3 年的女性客户可以直接进件	身份证+工作证明(工牌/盖章工作证明/社保)+亲签亲访单位+固话照片+温馨提示函
以卡办卡	KX	5000~5 万	金普	他行卡半年以上	身份证+工作证明(工牌/盖章工作证明/社保/名片)+亲签亲访单位+固话照片+他行卡+温馨提示函
学历进件	XL	5000~5 万	金普	外城、本地户籍全日制专科；外农全日制本科(学历要求为 2001 年后境内的全日制学历)	身份证+工作证明(工牌/盖章工作证明/社保/名片)+亲签亲访单位+固话照片+备注学历信息(毕业学校、毕业时间、毕业专业、学位)+毕业证书原件照片
法人进件	YQ	5000~5 万	金普	营业执照满半年以上(零售)	身份证+营业执照+亲签亲访单位+固话照片(无固定电话多留 5 个联系电话)+温馨提示函
社保进件	SY	5000~5 万	金普	外农社保基数 3487 元以上，满足 6 个月以上	身份证+工作证明(工牌/盖章工作证明/社保)+亲签亲访单位+固话照片+温馨提示函
		5000~5 万	金普	广州、外城男女社保基数 2908 元以上，满足 6 个月以上	
		5 万~10 万	标白	社保基数 6000 元以上，满足 6 个月以上(仅限 ABE 岗)	
行业进件	YZ	5000~5 万	金普	优质行业	身份证+工作证明(工牌/盖章工作证明/社保)+亲签亲访单位+固话照片+温馨提示函
		5 万~10 万	标白	优质行业(根据职级列表)	
车辆进件	CL	前提		价值 8 万元以上，非营运一手私家车，粤 A 车牌；非粤 A 车牌，则要满足广州本地人	身份证+工作证明(工牌/盖章工作证明/社保,名片)+亲签亲访单位+固话照片+行驶证+生产查核+温馨提示函
		5000~9 万	金普	价值 8 万~20 万元(8 年内)	
		5 万~10 万	标白	价值 20 万元以上(5 年内)	
		10 万~30 万	豪白	价值 50 万元以上(5 年内)需附房产	
房产进件	FC	前提		全款房时间需满 1 年，按揭房需满 6 个月(广州、佛山房产)	身份证+工作证明(工牌/盖章工作证明/社保/名片)+亲签亲访单位+固话照片+房产证/购房合同+购房发票+近一个月物业或水电费单+查核证明+房价查询+温馨提示函
		5000~5 万	金普	房价 80 万~160 万元	
		5 万~10 万	标白	房价 80 万~160 万元	
		10 万~30 万	豪白	房价 160 万元以上(优质单位/一年有限公司)	
		30 万以上	钻白	房价 480 万元以上(一年有限公司)	
银行业务往来	WL(Z458)	5000~5 万	金普	工资代发满 6 个月，月均工资达 2500 元以上，流水备注有工资	身份证+工作证明(工牌/盖章工作证明/社保/名片)+亲签亲访单位+固话照片+工资流水+温馨提示函
		5 万~10 万	标白	工资代发满 6 个月，月均工资达 8000 元以上，对公账户	
	WL(Z496)	5000~5 万	金普	开户时间 3 个月，三个月季日均 0.5 万~20 万元，金融资产余额为季日均的 50%	身份证+工作证明(工牌/盖章工作证明/社保/名片)+亲签亲访单位+固话照片+存款截屏+温馨提示函
		5 万~10 万	标白	开户时间 6 个月，三个月季日均 20 万~50 万元，金融资产余额为季日均的 50%	
		10 万~30 万	豪白	开户时间 6 个月，三个月季日均 50 万~100 万元，金融资产余额为季日均的 50%	
		30 万~100 万	钻白	开户时间 6 个月，三个月季日均 100 万元以上，金融资产余额为季日均的 50%	

9. 银行业务往来

银行业务往来就是我们经常说的"搬砖"。根据在银行季日均存款达标，能够下钻石、豪白、标白、金普卡，额度最高能够达到 100 万元。详细条件如表 3-1 所示。

表 3-1 是参考广州民生银行的具体条款。如果是二三线城市，房产价值等要求会有所降低。大家可以根据这个资料，知己知彼，扬长避短，选择对自己最有利的方

式进件,从而达到最好的效果。

3.2 审批信用卡,只看征信报告这 3 个点

在当今这个信用系统越来越完善的时代,征信报告对每个人的重要性不言而喻,关于征信的相关知识,笔者会在后面的章节中具体展开。本节主要向大家介绍在申请信用卡时,银行会看征信上的哪些内容。

经常有卡友觉得自己没有逾期,为什么申请信用卡还是被拒绝了呢?其实,没有逾期记录不代表征信报告没问题。每个银行的评价模型不一样,除了逾期外,银行还要看下面几个方面,这都是决定信用卡审批能否通过的关键。

1. 信息概要

这里面信息量很大,但是审批人员只重点关注以下两点。

1) 逾期及违约信息概要

这里可以看到逾期的情况,一旦有逾期,不分金额大小、时间长短、贷款还是信用卡,一条记录就会伴随你 5 年不离不弃,没有人可以修改。

2) 授信及负债信息概要

你所有的贷款和信用卡额度都会展示,有不少高额度信用卡的朋友,经常会被银行以综合授信额度过高为由拒绝。所以,申请信用卡一定要先向不介意总授信额度过高的银行申请了,比如农业银行、招商银行等。另外,对于一些额度低又没什么权益的卡,也可以选择销户,以降低总授信额度。

2. 信贷交易信息明细

这部分包括你在银行名下的贷款和信用卡的使用情况,这个很重要,银行会重点查看。所以很多卡友没有逾期仍然被拒的原因,很有可能就在这里。

1) 贷款记录

这一栏目记录了你在银行名下的所有贷款记录,包括抵押贷款、担保贷款和信用贷款,常见的有房贷、经营贷款、小额消费贷款等,每一笔贷款 24 个月内的还款记录,两年外的还款有逾期记录的也会在每笔贷款的下方体现。

2) 信用卡使用记录

所谓贷记卡就是信用卡,这部分主要有:银行可以看到你近 6 个月的平均使用额度和大额度资金使用情况,自己可以以旁观者的角度看看有没有套现嫌疑,同时能评估负债率。

信用卡的还款记录和贷款记录是相同的,它会在每一张未销户信用卡的下方显示账户状态、已用额度、近 6 个月的平均使用额度、大额度资金使用情况、本月应还

款、本月实际还款和当前逾期期数/金额。

负债过高会被认为有潜在风险，还款能力不足，很多人都被卡在这里，笔者建议大家在申请新的信用卡时，结清手头上可随借随还的信用贷款，降低信用卡的已用额度。

信贷记录不同于逾期记录，逾期记录满5年自动消失，信贷记录就算已经结清注销，仍然会显示在征信报告中。每笔信贷记录的下方都会显示近两年的还款记录，一般主流银行的标准是贷款加上信用卡两年内逾期不能超过6次，连续逾期不能超过3次。

有些读者可能不知道如何看征信报告代码，银行版征信报告里其他银行名字以随机字母代替。表3-2所示为征信报告上的代码含义。

表3-2 征信报告上的代码含义

代 码	含 义
/	未开立账户
*	本月没有还款历史
N	正常还款
1	逾期1~30天
2	逾期31~60天
3	逾期61~90天
4	逾期91~120天
5	逾期121~150天
6	逾期151~180天
7	逾期180天以上
D	已由担保人代还
Z	以资代债
C	结清
G	除结清外的，其他任何形态的终止账户
#	还款状态未知

3. 其他信息

其他信息主要包括以下两点。

1) 公共信息

公共信息即五险一金的缴纳情况。

2) 查询记录

征信报告里会显示两年内所有的征信查询记录(包括本人查询)，如果贷款审批和信用卡审批在短期内出现的次数非常密集的话，银行会怀疑申卡或者贷款的目的是借新还旧或者持卡人相当缺钱。所以，不要频繁查征信报告是有道理的。

3.3 根据银行拒绝申卡的原因，教你如何对症下药

到底哪些原因会导致申卡被拒呢？笔者给大家总结了 4 大原因，读者可以根据以下内容对号入座，找到自己被拒的原因，然后对症下药，提高申卡的成功率。

1. 银行不太想批卡的行业

（1）娱乐业：KTV、电玩、网吧、酒吧等。
（2）高危行业：煤矿工人、货车司机、出租司机等。
（3）自由职业：流动性强的自由职业者。
（4）海员、水手等不在本地的工作者。
（5）银行黑名单用户：只要上了银行的黑名单，想申请贷款或信用卡的机会就很小了。

2. 工作没问题，看银行征信

在你所在的行业和你的工作都没问题的情况下，如果还被拒，则主要看征信的情况，因征信问题导致被拒的情况主要有以下 5 种。

（1）征信逾期 7 天内，申请时有点影响。
（2）征信逾期 30 天以内，成功率最高是 80%，批卡额度会调低 10%左右。
（3）征信逾期 60 天以内，成功率最高是 60%，批卡额度会调低 30%左右。
（4）征信逾期 90 天以内，成功率最高是 50%，批卡额度会调低 50%左右。
（5）征信逾期超过 90 天以上，那你与银行就彻底无缘了。

总结：信用卡尽量不要逾期，就算偶尔几次忘了，也要立马还上并向客服说明原委，尽量别上征信。还有频繁地查征信，也是非常不利的，查询次数过多，就会很难下卡。

3. 征信良好，看诚信调查

如果你的征信没有问题，我们再来看看诚信调查的情况。
（1）伪造申请资料：包括伪造身份证、房产证、收入证明、汽车证明等。
（2）信息造假：公司信息不对、电话空号、地址造假、查无此人等。
（3）电话核实：一定要注意保持电话的畅通，另外务必如实填写信息，银行做尽职调查时，会询问很多非申请表的信息，不要低估银行的调查能力。

(4) 身份问题：身份证过期、工作证明没有加盖公章。

总结：卡友们填申请表时一定要实事求是，不能编造。但是实事求是不代表死板，适当地美化、润色可使结果事半功倍。

4．其他被拒因素

如果前面 3 个你都没有问题，那么再来看以下几种情况。

(1) 年龄不符，银行规定最小申请年龄为 18 周岁，最大申请年龄为 60 周岁，超出范围肯定被拒。
(2) 不在原单位，已经离职，又申请卡。
(3) 个体或小企业主，注册资金不够申请标准。
(4) 申请人重复申请或者已经拥有大量信用卡。
(5) 申请表填写不完整、漏填信息等。
(6) 回访电话没有接到，或者接到后回答问题与所填资料不符。

总结：申卡被拒，很可能是因为一些小细节，卡友们也应当重视起来。

3.4 了解招商银行信用卡审批政策及退件原因

本节以招商银行信用卡为例，向大家详细介绍审批政策以及退件原因。看完本节内容之后，就能够了解招商银行审核的评分标准、流程，以及为什么申请信用卡被拒绝。知己知彼，对症下药，方能百战不殆。

1．招商银行信用卡综合评分标准

1) 保障支持最高得分为 15 分

住房权利最高得分为 8 分，其中：无房 0 分，租房 2 分，单位福利分房 4 分，拥有房子的所有权 5 分或购买 8 分。

有无抵押最高得分为 7 分，其中：有抵押 7 分，无抵押 0 分。

2) 经济支持最高得分为 34 分

个人收入最高得分为 26 分，其中：月收入 6000 元以上 26 分，月收入 3000～6000 元 22 分，月收入 2000～3000 元 18 分，月收入 1000～2000 元 13 分，月收入 300～1000 元 7 分。

月偿债情况最高得分为 8 分，其中：无债务偿还 8 分，10～100 元 6 分，100～500 元 4 分，500 元以上 2 分。

3) 个人稳定情况最高得分为 27 分

从业情况最高得分为 16 分，其中：公务员 16 分，事业单位 14 分，国有企业 13 分，股份制企业 10 分，其他 4 分，退休 16 分，失业有社会救济 10 分，失业无社会救济 8 分。

在目前住址时间最高得分为 7 分，其中：6 年以上 7 分，2~6 年 5 分，2 年以下 2 分。

婚姻状况最高得分为 4 分，其中：未婚 2 分，已婚但无子女 3 分，已婚有子女 4 分。

4) 个人背景最高得分为 24 分

户籍情况最高得分为 5 分，其中：本地 5 分，外地 2 分。

文化程度最高得分为 5 分，其中：初中及以下 1 分，高中 2 分，中专 4 分，大学及以上 5 分。

年龄最高得分为 5 分，其中：女 30 岁以上 5 分，男 30 岁以上 4.5 分，女 30 岁以下 3 分，男 30 岁以下 2.5 分。

5) 失信情况最高得分为 9 分

其中：未调查 0 分，无记录 0 分，一次失信 0 分，两次以上失信 -9 分，无失信 9 分。

2. 招商银行授信政策

申请条件：年龄、学历、行业属性、工龄、财力情况等。

招商银行征信的主要职责：Fraud Detector——防堵人头伪冒风险；Credit Policy Implement——执行授信政策；Application Quality Control——合理授信，预防呆账的发生。

3. 招商银行审核流程

查核个人信用报告→查核身份信息→查核社保缴纳情况→查核我行存款情况→查核 114 及网络信息→审核检附文件→查核系统信息→审核申请人资格→电话照会→通知客户补件→产出初审授信结果→伪冒提报→所有新申请及额度、调整案件、复核→处理重审申请→团办案件沟通→高额新申请案件复核→额度调整复核→违例核准案件复核。

4. 招商银行授权主要职责

(1) 提供持卡人 24 小时信用卡交易授权服务。

(2) 查核在线可疑交易并采取适当的管制措施，以降低伪冒风险。

(3) 侦测在线可疑交易(夜间)。

(4) Credit Cycle 中阶段维护及防堵。

(5) 通过对授权交易的分析，以提供优质授信品质的建议。

5. 当前授信发卡的两个风险

1) 公司

这里的公司是指以非法牟取暴利为目的，未经发卡行授权非法进行办卡中介，以虚构信息、重要证明材料等手段，骗取发卡行授信发卡，并可能同时向客户提供或介绍POS机的公司。

招商银行已从多个环节加强对公司进件的管控，建议监管机构加强对此类机构的管控机制，招商银行对已发现的此类情况采取了积极报告和配合调查等工作，如在青岛地区配合当地银监局对不法机构进行查处。

2) 公司团签

公司团签主要有以下几种情况：公司用卡作为资金周转；集体伪冒申请，也就是说该公司团体申请时就伪冒了别人的身份资料或提供了虚假的职业资料；公司统一办卡，却被公司一个人独用；由于公司不景气，公司成员集体倒账；申请时所填公司本身为公司；通过异常消费商户号反查相关刷卡人。

公司团签的特点：几乎所有的入催户都在很短的时间内将额度用光；大部分客户有非常明显的整额高消费；部分公司用卡案件中有在本公司刷卡情况；部分客户的还款记录雷同；部分客户取现频繁。

6. 申请信用卡被拒原因说明

A类：申请人基本资料原因

(1) 无法确认或非本人签名。
(2) 申请表签名与证件不符。
(3) 申请表签名与规定不符。
(4) 申请表未签名且未补签名。
(5) 信息不详且不提供。
(6) 家庭住址不详且不提供。
(7) 工资单位信息不详且不提供。
(8) 联系人信息不详且不提供。
(9) 申请表或申请资料无法认读且未补件。
(10) 资料不足且未补件。
(11) 申请人相关资料不足且未按时补齐资料。
(12) 申请人年龄不符合规定。
(13) 非本地户籍且综合条件未达标。
(14) 非本地户籍、无住房且自购住房未达标。
(15) 单位不符合规定或岗位不符合规定。
(16) 申请人无工作且无稳定收入来源。
(17) 申请人属于限制申请行业的从业人员。
(18) 申请人不符合军人的办卡标准。
(19) 申请人为外籍人士。

(20) 申请人身份证件类型不符合规定。
(21) 证件失效或有效期不符合规定。
(22) 附属卡申请人不符合规定。
(23) 停用。

B类：申请人征信情况原因
(1) 申请人重复申请。
(2) 申请人所填单位查无此人。
(3) 申请人已从所填单位离职。
(4) 申请人工作为兼职。
(5) 申请人工作不稳定。
(6) 申请人工作变动频繁。
(7) 申请人收入不稳定。
(8) 申请人为小企业主且单位成立时间短。
(9) 申请人已经持有多张他行信用卡。
(10) 申请人工作单位信息与征信审核不符且无合理解释。
(11) 申请人社保不正常。
(12) 社保记录与申请表不符且无合理解释。
(13) 申请人单位无法查证确认。
(14) 申请人所在单位未注册或已注销或未年审。
(15) 申请人所在单位存在负面信息。
(16) 经征信判断，申请人综合条件差，风险不可控。
(17) 申请人有不良记录。
(18) 申请人在我行个人贷款缴款记录不良。
(19) 申请人其他银行信用卡有不良还款记录。
(20) 申请人在个人征信系统有不良记录。
(21) 申请人单位在税务局有不良记录(私营业主与法人)。
(22) 申请人所在单位有逃避银行债务记录(私营业主与法人)。
(23) 申请人征信有疑义。
(24) 停用。
(25) 伪造身份证。
(26) 伪造房产证。
(27) 伪造行驶证。
(28) 伪造其他证件。
(29) 盗用他人身份证伪冒申请。
(30) 黑中介进件。

(31) 申请人有多次公共缴费欠款，且无合理解释。
(32) 申请人联系不上。
(33) 有效征信时间内联系不上(三天三次)。
(34) 申请人提供的联系方式无效。
(35) 申请人不配合资信调查。
(36) 家人或联系人提供申请人的负面信息或建议不予办理。
(37) 申请人有犯罪记录。

C 类：其他原因

(1) 联系人不知情或不愿做联系人。
(2) 申请人异地户籍亲属联系不上。
(3) 联系人不符合要求。
(4) 我行核批卡种与额度未达申请人要求，申请人拒绝接受。
(5) 申请人工作地及居住地非我行网点城市，风险不可控。
(6) 申请人健康原因。
(7) 申请人不符合集体办卡、项目办卡或亲核亲访的核准条件。
(8) 未核验原件或无核验人签名。
(9) 进件渠道不明，无法认定信息真伪。
(10) 销卡间隔不符合发卡规定。
(11) 停用。

另外，招商银行投诉除了 400 和 800 电话外，工作时间拨打 021-38834600#，大概率能转到对应的部门。

3.5　18 家银行面签流程注意事项汇总

在申卡的提问中，面签出现的频率也较高，所以本节笔者主要和大家聊聊各家信用卡的面签。

信用卡申请通常会有面签环节，网申首次下卡后需要到柜台面签，也有的银行需要先进行面签，面签成功之后才会邮寄卡片。加办附属卡首次也需要本人和附属卡申请人一起去网点面签，而加办二卡则无须面签。

笔者将在以下内容中具体说一下每家银行的面签流程，特别提示去面签的时候尽量注意着装举止得体，自己申请时填写的资料一定别记错。

1. 中国银行

网申成功之后，先拿到卡再去面签。面签时需要申卡人带上身份证，抄写一段话后，复印身份证，签字拍照即可。有部分申卡人可能会碰到需要审核收入证明、房产证或者公积金的情况，所以去网点面签前要准备好相关资料。

2. 农业银行

网申的话，先面签再批核。卡寄到指定网点面签领取，也可以直接到柜台办理。农行网点审批权限较大，有的网点可能会直接拒绝面签。

3. 工商银行

工商银行有多种方式，有的需要先面签，面签之后再下卡；也有的网申成功之后卡片寄到网点，去拿卡的时候顺便面签。面签的步骤并不烦琐，带上身份证，抄一段话然后签名就行了。

特别注意： 如果工商银行给你发了一张银联卡加一张 VISA 或者万事达卡，可以要求只激活银联卡。有的网点会说不行，但只要你执意只开银联卡就行了。

4. 建设银行

网申秒批，拿到卡带上身份证去网点综合终端面签拍照即可。也有先面签再批卡的，都很简单。

5. 邮政银行

以前只能在网点申请，网申逐步放开，先寄卡再去面签，带上身份证和信用卡即可，很容易通过。

6. 交通银行

交通银行的网申效率很高，最快可当天下卡。面签时带上身份证、信用卡到网点激活即可。有时候会核对一些基本信息，如工作单位和地址。

7. 中信银行

中信银行的面签有两种，一种是先发卡后面签，另一种是先面签后发卡。笔者遇到的是前者，带上身份证、信用卡、卡函，去柜台签字、拍照就可以了，非常简单。

8. 华夏银行

先审批寄卡再面签，去网点激活即可，很简单，容易通过。

9. 招商银行

招商银行的网申比较少，推荐的话需要推荐人填被推荐人的姓名、手机号、公司名称、所在市区、性别这些资料后才能推荐，有可能直接出网申链接，发给好友填写即可，拿到卡再去网点面签。或者是系统审核通过之后，4 个工作日内招商银行卡专员联系你上门收件办卡，审核通过，下卡之后无须再去网点面签。

10. 浦发银行

拿到卡再到柜台面签，也可以在综合终端通过远程视频完成面签。面签审核简单，只核对基本信息，带上身份证即可。

11. 民生银行

网申民生银行信用卡，很容易秒过，并短信告知额度。先收到卡片，然后再去面签。带上信用卡和身份证去网点即可，很简单。

12. 兴业银行

有的先寄卡再去网点激活面签；也有的发短信告诉你额度和验证码，然后给开通虚拟卡，面签通过后再寄送实体卡。面签很简单，一般都能过。

13. 广发银行

申请人收到卡片后进行面签，带上身份证和信用卡去 VTM(远程视频终端)机器上进行审核。如果是地摊或者 PAD 进件，则收到卡之后无须再去网点面签。

14. 平安银行

网申通过之后带上卡片和身份证去网点面签即可。

15. 光大银行

光大银行是最难办理信用卡的一家，面签通过率较低。因为如果今后你的信用卡逾期，给你面签开卡的专员是有追偿责任的，所以面签光大银行很容易吃闭门羹。而且面签相对较复杂，资料核对严格，回答稍有不对，就有可能被拒绝，一定要认真回答问题。

16. 花旗银行

花旗银行在审核通过之后还要求提供工资流水，无须去网点面签，但现在也可以网申了，下卡之后需要去网点面签。

17. 渣打银行

渣打银行网申先下卡再去网点面签，带上身份证、卡片、工牌等资料去网点即可，服务态度很好，但是面签流程略复杂。

18. 汇丰银行

汇丰银行网申先下卡再去网点面签，除了常规资料外，还要带房本或者租房合同才给面签。

以上说的是网申之后的面签流程，如果拿到卡片后对额度不满意，可以同时带上房本、车本、工资流水、其他资产证明等资料去网点，要求重新审核提高额度。

以上内容是以笔者本人申卡、面签经历为基础，再加上其他卡友经历进行的总结。中国那么大，网点那么多，不可能千篇一律，如存在差异，还请以当地政策为准。

3.6 异地申卡的一些技巧

每天都有很多卡友询问笔者当地没有 XX 银行，如何申请该行信用卡？XX 卡片权益很好很想要，可是当地没网点，或者申请页面选项没有所在区县，如何异地下卡？其实信用卡是没有地区限制的(当然，有些地方是被拉入黑名单的)，不像手机号、车牌号等有号码归属地的问题。

信用卡本身就是全国通用、不区分地域的。不过对于没有网点的地方，申请信用卡还是需要掌握一些小技巧的，本节笔者就和大家分享一下。具体来说，有以下两种情况。

第一种情况：单位所在地没有网点，但是住宅所在地有(或者相反)。

这种情况最简单，选择寄到有网点的住宅(或者单位)所在地即可。

第二种情况：网申时均没有所在区县选项。

填写技巧：选择的时候先选择有网点的区县或者附近有网店的城市，然后再在详细地址里面填写实际地址。

举个例子：民生银行在四川省只有成都、德阳、宜宾、巴中有网点，而卡友所在地为泸州市江阳区，那就这样填，如图 3-1 所示。

图 3-1 地址填写示例

注意地址一定要填写真实地址，不要虚构，因为等到审批通过了，快递会根据你后面的实际地址派送。

3.7 信用卡申请渠道优劣对比

众所周知，信用卡的申请方式有很多种，在前文中也提到过几种，比如：网上申请、网点申请、地摊申请等。不同的渠道申请下来的信用卡额度也不一样，因此，选择渠道是一件让人比较纠结的事情。

通常来说，信用卡按申请方式大致分为以下 6 类。

1. 最稳妥、最常规的申请方式：网点申请

网点申请是最稳妥、最常规的申请方式之一。

优点：相对稳妥。

缺点：申请周期慢，如果是纸质申请表，需要层层上报批下来，也是一个月后的事情了，并且客户需要准备的资料相对烦琐。

2. 创新申请方式：网上申请

如今早已是互联网+时代，足不出户就能享受各种便捷服务，银行也在与时俱进。目前各家银行的官方网站都可以进行信用卡申请，既方便又省心。

优点：直接上总行审批，审核速度快。

缺点：需要申卡人对信用卡种类比较了解，自行选择，部分卡种无法网上申请。

3. 最接地气的申请方式：地摊办卡

相信大家在一些城市的地铁站、商城门口见到过银行信用卡的办卡人员，更多的是在一些品牌商户、超市设立了合作的常驻办卡点。例如中信银行与家乐福；交通银行与沃尔玛、乐购及卜蜂莲花等超市；农行与武商量贩等。而非常驻办卡点则是真正的地摊办卡了，在天桥、商场门口处常见。

优点：业务员会更尽心地帮你办卡。

缺点：资料安全性差。

4. 最有格调的申请方式：电话邀约办卡

如果你收到银行的电话邀请你办卡，那一定要恭喜你了，一般邀约客户都是银行的优质客户，只需提供简单资料即可获批。

优点：安全、额度高、速度快。

缺点：需要银行主动邀请，不是人人都有资格。

5. 最实惠的申请方式：朋友推荐申请

朋友推荐办卡，简单地说，就是朋友通过推广链接、二维码等转发给自己的好友，推荐好友申请。这种方式能够节约银行的推广成本、人工成本，所以一般银行会赠送申卡人一些价值不错的礼品。用这种方式申请信用卡比较划算。

通过连接网申直接上总行审批，审核速度快，一般填完资料都是秒批。

优点：方便安全，审核速度快，可以获得银行礼品。

缺点：朋友发链接容易被不需要的人误解。

6. 最有力量的申请方式：团办申请

俗话说，人多力量大。把这句话放到办卡上也是一样，因为团办申请比单次申请

的数量多,所以银行会更加重视,同时也是风险性相对较小的申请办卡方式。所以团办一般都会获得理想的额度,审批资料也会相对简单。

优点:资料简单。

缺点:一次性需要组织较多申卡者。

综上,在同样资料的情况下,对办卡渠道的优先顺序选择可以排序为:**邀约申请＞邀请链接申请＞团办申请＞网点申请＞网上申请＞地摊申请**。

3.8 各银行信用卡申请顺序建议

关于申卡顺序,笔者几乎每天都会收到卡友的这类问题,所以本节将总结一下信用卡申请顺序的问题。

因为有的银行对持卡行数多、总授信额度过高很敏感,所以就存在信用卡申请顺序的说法,比如优先拿下介意多行的银行。

当然,申卡顺序这个问题没有绝对的标准答案,因为每个人的实际情况不一样,所在地的银行政策也不一样。

举个例子,比如 A 卡友是由平安银行代发工资,公积金社保也是平安银行账户,还买了平安商业保险和车险,那么这位客户在平安银行一定是优质客户,申卡额度不会低,而且即使持卡行数多,平安银行可能也会特殊照顾,而他与工商银行没有任何交集。该卡友去申请平安银行和工商银行的信用卡,哪家容易通过,一目了然。

每个银行也有可能不一样,比如有段时间盛传的农业银行精粹白下卡圣地深圳翠竹支行,一些资质不足的卡友带个身份证裸申也成功下卡了,而其他地方有卡友拿着价值 400 万元的房本去网点都不给填表,这种情况大概就是"天时地利与人和"中的"地利"了。

接下来,笔者说说自己的观点。

第一张卡,也就是我们常说的"白户",建议这类人在申卡时选择自己代发工资的银行,或者自己储蓄卡的银行,再或者与自己交集比较多,有业务往来的银行。因为自己是"白户",只有和自己交集比较多的银行,才有可能给的额度相对较高,也容易通过。

另一种笔者认同的说法是:第一张卡首先申请招商银行或者交通银行。相信很多卡友的第一张信用卡都是招商银行或者交通银行的,笔者自身也是。因为这两家银行下卡比较容易,针对白户也比较友好。而且招商银行提额快,交通银行门槛低,都不错。

其次,优先击破介意持卡行数多(有些银行会介意持卡人手上已经有一些其他银行的信用卡)的银行,也就是国有四大行和外资银行:建设银行、农业银行、中国银行、工商银行、花旗银行、渣打银行等。然后申请商业银行，这些银行活动多，如中信、民生、浦发、广发、平安、光大、兴业、华夏等。

最后，再来申请地方银行、城市商业银行和农村商业银行，比如广州银行、上海银行、北京银行等，以及东亚银行、汇丰银行这两家外资银行。

当然，顺序不是绝对的，这只是一个参考建议。不可能说没有拿下四大行的卡就不申请后面的商业银行了，大家可以根据自己的实际情况进行适当调整。

每个人的情况不一样，也不是超过6行就不能下卡。笔者亲身经历：建设银行是第11个申卡的银行、工商银行是第13个申卡的银行，这两家银行都是笔者之前从未有过任何交集的银行，但都是首次网申秒批。

如果前面的银行没有通过，也可以先跳过去，拿下后面银行的卡，别气馁，也不要怕。另外，如果你不是志在必得要申请完所有银行的信用卡，也不必遵循这个顺序。

哪个银行活动好，你喜欢哪个银行，哪个银行羊毛多，你就去申请，遵循自己内心的意愿就好。

总而言之，关于信用卡，适合自己的才是最好的。

3.9 什么是以卡办卡，如何以卡办卡

以卡办卡也是众多卡友问得比较多的一个问题，所以本节笔者和大家聊一下以卡办卡。

1. 什么是"以卡办卡"

以卡办卡，顾名思义，就是凭借手上的信用卡，去申请新的信用卡。一般来说，以卡办卡分两种：一种是持有本行信用卡，加办该行其他信用卡；另一种是持有A行信用卡，以此申请B行信用卡。

2. 以卡办卡的理论基础

如果是加办该行其他信用卡，由于该银行对持卡人资质已经审核过一次，并且对其用卡情况也有所了解，所以一般审核速度极快，同级别卡片加办问题不大，都能秒批，甚至能够出现"曲线提额"的情况。

常见的如招商银行，信保合并，在掌上生活App加办其他同级别卡片几乎都能审批通过，但额度一般也共享。

如果加办其他银行的信用卡，部分银行在审批信用卡的时候，会参考申请人已持有卡片的最高额度、级别，作为审核因素之一；甚至拥有某些达标额度、级别的信用卡，即可申请到其他银行同级别卡片。例如浦发AE白其中一个进件方式就是持有他

行 10 万元固定额度以上的白金信用卡并正常使用一年以上，且申请时该卡处于正常使用状态。

3. 以卡办卡的好处

常规的申卡方式需要填写一系列资质信息，如工作、年收入、学历、住房情况等，审批银行也会查申请者的征信和其他资质进行综合审核，流程较慢，如果自身资质不过硬，还有可能因综合评分不足而被拒绝。而以卡办卡比普通的申卡方式更快速、更便捷，尤其对于资质一般但是有高端大额信用卡的卡友来说更简单。

以卡办卡在额度上也有优势，使用此方法申卡办理新卡的话，发卡银行会参考你手上已有信用卡的最高额度，如果你现有的那张信用卡额度已经养得足够高了，那么你新申请的卡下发的额度也不会太低。

假如之前你的工作收入水平比较高，申请到了额度较高的信用卡，而此时你的工作出现变动或者没有银行认可的代发工资正式工作的话，常规申请较难，而以卡办卡还能获得对标已持有最高信用卡额度一定比例额度的卡片。

4. 以卡办卡的条件

首先，你得有一张信用状况良好的信用卡，且这张信用卡最好使用时间超过半年以上，拥有良好的用卡记录，没有逾期记录，额度越高越好，级别越高越好。

特别注意：以卡办卡的时候负债率不宜过高，申请之前最好适当地降低负债率，这和申请房贷之前是一个道理。

5. 如何以卡办卡

如果你符合了以上条件，那么可以带上你的身份证件、已持有最高额度的高端卡去网点申请了。一般来说，浦发银行、华夏银行、广发银行、兴业银行、光大银行是支持以卡办卡的，有可能每个分行执行情况不一样，具体事项可以咨询当地网点进件要求。

6. 以卡办卡的选择

笔者建议选择一张提额快的银行。之前一直建议大家先申请一张招商银行信用卡，是因为招商银行信用卡提额最快，当你的招商银行信用卡尽快提额拿下经典白金卡之后，再去申请其他卡也不错。民生银行的百夫长白金信用卡也是一块不错的敲门砖。

3.10 怎样办理大额信用卡

信用卡的审批越来越严格了，大多数人只能办理普通信用卡，很多想要首次申请信用卡或申请高额度信用卡的人容易被拒绝。那么如何申请高额度信用卡呢？本节笔者为大家分享以下 3 个秘诀。

1. 秘诀一：证明齐全且有分量

首先要注意，一个良好的消费信用和还款信用是申请高额信用卡的关键。新手就是一张白纸，想要申请高额度信用卡可能有些困难。那么银行看什么呢？你的各种收入资产状况决定了是否给你批卡以及信用额度的大小。

这一点很简单，你可以提供一份有分量的资产证明，如收入证明、房屋产权证明、按揭购房证明、汽车产权证明、银行存款证明或有价证券凭证等。其次，你的工作单位、个人能力、应聘经历等其他一些能证明个人能力的证书也会帮助你获得高额度的信用卡，如学历证书、技术等级证书和其他资格证书。

2. 秘诀二：申请表格填写有技巧

填写申请表格对于申请高额度信用卡还是有益处的，想要信用卡审批的概率高、额度高，那么一定要从以下几个方面入手。

(1) 是否有本市的固定电话号码：拥有本市的固定电话表示居住地点稳定，会增加银行的信用评估得分。

(2) 是否结婚：已婚比未婚的得分要高。

(3) 是否为本市户口：本市户口比外地户口的得分要高。

(4) 是否有住房：拥有住房比无住房的得分要高，自住比与父母同住的得分要高。

(5) 受教育程度：受教育程度越高，评分越高。

(6) 工作单位性质：工作单位越稳定越知名，得分越高。如机关事业单位、大型国企以及世界 500 强企业的得分都比较高，而不知名的民营企业和小型外企的得分较低。

(7) 职务情况：职务越高，得分越高。如公务员、公司管理人员的得分比普通职员要高。

因此，如果你想申请高额度信用卡，可以从以上几个方面着手，填写过程中特别注意，这样批卡概率更大，更具体的填写技巧参照前文，此处笔者就不再重复了。

3. 秘诀三：良好的刷卡习惯

新手用户经常会听到"以卡办卡"的申请方式，这是因为银行在查询个人信息时，会查看用户已有信用卡的额度和等级问题，而信用卡等级很难修改，但是额度却是可以靠刷卡习惯来保持的，尤其是银行上调用户某张信用卡的永久额度时，会对用户申请其他银行的信用卡带来长远效果。

第 4 章

用卡有技巧，高手用卡攻略 11 招

学前提示

怎样玩信用卡能使额度变高？怎么做能够让你的信用卡免息？怎样做能提高总授信额度？甚至用起来还能省钱与赚钱？新手在用卡时要避开哪些弯路？

本章将介绍高手用卡攻略，帮你解决这些难题。

要点展示

- 养卡的两个秘诀
- 信用卡玩出 111 天免息期的技巧
- 16 家银行曲线攻略、是否上征信汇总
- 信用卡到期的正确处理方式
- 刷卡和时间的成本、价值与力量
- 银行为什么会认为你在套现？
- 玩转信用卡资金流，教你最佳方式
- 为什么费率低于 0.6% 的 POS 机不能刷
- 智能信用卡代还？全是陷阱
- 信用卡销卡 6 大坑
- 最全境外刷卡攻略

4.1 养卡的两个秘诀

在掌握用卡技巧之前,养卡也是很关键的一步,所以本节笔者先和大家讲讲养卡的秘诀。养卡可分为前端和后端两个方面,前端指的是养卡前需要注意的事项,后端指的是养卡的流程。

1. 前端

(1) 在养卡前首先要看的就是征信,如果征信有问题,就不存在养卡这件事了,所以在养卡之前,首先要保证我们的征信上没有污点。

征信上最重要的一点,就是负债率。如果负债率很高,你首先要做的就是降低负债,然后再去养卡。其次就是逾期之类的情况,征信上主要看的就是这些,银行基本每隔几个月就去查你的征信,这体现为征信上的贷后管理。

(2) 卡片选择首先要了解各家银行的规则以及各行养卡提额的方法。各家银行并不是每家都可以通过养卡提额,哪些银行容易提额且好养,哪些不容易养。养卡时,对银行和卡片的选择,包括对客户的筛选都极重要。

(3) 一张信用卡的好坏、额度的大小最主要取决于刷卡方式,银行给你的回复永远都是多元化消费,而多元化就是刷卡方式以及商户多元化。

关于 POS 机的基本知识我们是必须知道的。酒店、饭店、珠宝店、KTV、美容院、保龄球馆、西餐厅、酒吧、百货商店、健身房、洗衣店、面包店、便利店、洗车店、家具店、办公用品店、礼品店、服装店、鞋店、理发店、游乐园、电影院、超市、加油站等独立商户都是可以布置 POS 机的。其中百货商店、便利店、酒店、珠宝店、饭店、超市,能够配置两个以上的商户。

2. 后端

(1) 信用卡的提额技巧之一就是多刷卡。银行发行信用卡是为了获得收益,而刷卡手续费是信用卡业务的一项重要收入,只要持卡人在商户处刷卡消费,就能够为银行创造收益,因此,信用卡刷卡次数多和单月刷卡金额比例高的持卡人都是较受银行欢迎的。

一般而言,一张卡每月消费次数要保持 30 笔以上,单月刷卡金额要超过总授信额度的 60%,这样申请提额交易更容易获批。如果持卡人本人没有这么多的消费需求,那么可以试试帮他人刷卡购物来增加刷卡次数和金额。

刷卡时间按早上(6:00—10:00)、中午(11:00—15:00)、下午(16:00—19:00)、晚上(19:00—22:00)4 个时间段来刷卡。

(2)并不是所有的商户在进行刷卡交易时都能够为银行创造收入。因为有的商户是没有刷卡手续费的，因此相对应的银行对于此类商户刷卡交易通常不予累积信用卡积分，这样的刷卡交易对持卡人申请提额也没有明显帮助。

建议大家多在有积分的商户处刷卡交易。此外，不同类型的商户要尽量交叉着刷，比如刷过几笔餐饮类交易之后，可以刷商场、超市类商户，保持交易的多样性。

刷卡内容如下。

早上：主要是买早餐，主刷超市、便利店、面包店、副食店等商户，可消费金额为 10～100 元。

中午：午餐，主刷饭店或者餐馆、便利店、面包店等，可消费金额为 100～2000 元。

下午：晚餐，主刷饭店或者餐馆、西餐厅等，可消费金额为 100～2000 元。

晚上：购物，日常消遣，主刷百货商店、超市、健身房、酒吧、美容院、保龄球馆、KTV、电影院等，可消费金额为 100～5000 元。

周末安排：早上就不要刷了，谁都知道这两天早上是睡懒觉的，中午可以刷超市、便利店、副食店等，因为周末中午大多是买东西煮来吃。吃了午饭就可以刷干洗店、洗车店等商户。周末补足睡眠就可以做一些平时上班没法处理的事情了，这么规划，根据具体情况，大家可以灵活安排一些商户，原则是一定要符合正常的消费逻辑。

(3)其他细节。除了刷卡消费之外，要想快速"提额"，建议持卡人尝试办理信用卡的其他业务，比如信用卡取现、信用卡分期还款等，因为这些业务也是可以给银行贡献收益的，当然会受到银行的欢迎。

(4)申请信用卡提额要找准时机，抓住合适的时机申请提额较容易获得批准。比如，在单笔大额消费金额占信用卡总额度 50%以上之后，立即申请信用卡提额，这种情况下会让银行认为持卡人有较高的刷卡消费需求，当前的授信额度已经不能满足他的需求了，需要提升额度。

4.2 信用卡玩出 111 天免息期的技巧

大家都知道信用卡的免息期一般为 20～56 天，有的银行最长甚至只有 50 天。那么如何获取更长的免息期呢？大部分卡友所熟知的方法是修改账单日。

举个例子：你的某银行信用卡账单日是每月 1 日，还款日是当月 20 日，假设该银行账单日当天消费计入本期账单，那么你在 1 月 1 日消费，则 1 月 20 日就要还款，资金利用率最低，免息期仅 20 天。如果你在 1 月 2 日消费，则这一笔消费计入

2月1日的账单,2月20日再还款,这样你就能获得50天的最长免息期。

尽量在账单日后几天消费,这样能使资金收益最大化。关于各家银行账单日消费是否计入本期账单,如表4-1所示。

表4-1 各家银行账单日消费是否计入本期账单

银 行	账单日消费	银 行	账单日消费
工商银行	下期	光大银行	18:00以前本期
农业银行	本期	兴业银行	21:00以前本期
中国银行	下期	华夏银行	本期
建设银行	21:00以前本期	平安银行	下期
交通银行	下期	邮储银行	本期
招商银行	下期	花旗银行	本期
广发银行	下期	渣打银行	本期
中信银行	本期	汇丰银行	本期
浦发银行	21:00以前本期	北京银行	本期
民生银行	本期	上海银行	本期

了解以上账单日、还款日基本知识之后,就可以通过变更账单日的方式延长免息期了。假设你的某银行信用卡账单日是每月1日,还款日是当月20日,该银行账单日当天消费计入本期账单。

你在1月2日当天消费,2月1日就是账单日;你在1月30日找到银行客服要求将账单日修改为每月28日,那么1月2日的这笔消费就会在2月28日出账,在3月19日还款。免息期从1月2日到3月19日,一共70多天。

当然,之前这个方法屡试不爽,但是现在很多银行已经有了各种补丁修复。比如有的银行账单日固定无法修改;有的银行每年仅能修改一次;有的银行账单日固定在某几天,只能选择,不能自定义;有的银行要求修改账单日之前还清欠款。至于各家银行对修改账单日的具体要求,笔者也为大家整理好了,具体如下。

(1)工商银行:账单日只有1日和12日,其中公务员卡只有1日,其他卡默认为12日。

(2)农业银行:不可修改账单日。

(3)中国银行:可改账单日有7日、8日、9日、10日、12日、14日、15日、17日、18日、19日、21日、23日、24日、25日、26日、27日,一年只能改一次,且要先还清欠款才能修改。

(4)建设银行:可改,账单日有2日、5日、7日、10日、12日、13日、15日、17日、19日、22日、23日、24日、26日、27日,一年中只能改一次。

(5) 交通银行：可改，但终身只能改一次，账单日为 9~24 日。

(6) 邮储银行：一年只能改一次，账单日有 3 日、7 日、9 日、11 日、12 日、16 日、19 日、21 日、24 日、26 日。

(7) 招商银行：半年可改一次，账单日有 5 日、7 日、12 日、15 日、17 日、22 日、25 日。

(8) 广发银行：不可修改，账单日为出生日，当出生日为 29 日、30 日、31 日的时候随机。

(9) 浦发银行：一年只能改一次，但不能有分期，账单日有 1 日、2 日、3 日、5 日、10 日、11 日、12 日、13 日、18 日、19 日、21 日、24 日、26 日。

(10) 中信银行：一年可改一次，账单日在 1~20 日之间，同时只能在原账单日前或后 8 天选择。

(11) 光大银行：三个月可改一次，账单日有 1 日、5 日、8 日、10 日、15 日、18 日、20 日、25 日。

(12) 兴业银行：一年可改一次，账单日有 1 日、2 日、3 日、4 日、5 日、6 日、7 日、8 日、9 日、11 日、13 日、15 日、16 日、18 日、21 日、23 日。

(13) 平安银行：半年可改一次，账单日有 3 日、5 日、7 日、10 日、13 日、15 日、17 日、20 日、22 日、25 日。

(14) 民生银行：可改，账单日有 1 日、3 日、6 日、9 日、13 日、16 日、21 日、26 日、28 日。

(15) 华夏银行：可改，账单日有 3 日、8 日、11 日、15 日、18 日、21 日、25 日、28 日。

(16) 汇丰银行：可改，账单日 5 日、10 日、15 日、20 日、25 日。

(17) 广州银行：不可改，账单日只能是 15 日。

(18) 广州农商银行：不可改，账单日只能是 15 日。

(19) 上海银行：可改，账单日有 5 日、8 日、10 日、11 日、15 日、16 日、18 日、20 日、22 日、25 日、27 日。

(20) 花旗银行：不可改。

(21) 北京银行：不可改。

以上政策可能会根据卡友的需求进行调整、更新，请以银行的政策为准。

4.3 16 家银行曲线攻略、是否上征信汇总

曲线提额、曲线下卡是一个提及率很高的话题，不仅曲线提额需要申请二卡(第二张卡)，喜欢新卡面、升级白金卡等情况也需要申请二卡，所以各家银行二卡是否

上征信、是否有可能被拒绝、是否能够曲线提额等信息就很重要了。

之前就有卡友问过笔者这些问题，因此本节汇总分享卡友亲测的 16 家银行申请二卡遇到的各种情况，包括笔者自己亲测以及卡友反馈收集的数据，相信对大家一定有帮助。

1. 工商银行

笔者亲测申请二卡存在被拒可能，如图 4-1 所示。至于信用卡的额度，有可能曲线提额成功，但也可能比现有额度低，所以申请工商银行二卡要慎重。

图 4-1　工商银行申请二卡被拒绝实例图

2. 农业银行

农业银行批卡一向很严格，分行有权限，系统批了网点不给进件等情况层出不穷，有的网点甚至将悠然白金卡视为大白金卡审批难度来审核。

亲测农业银行的二卡也是当首卡审核的，会电话征信，有可能被拒绝。因此大家不要以为在农业银行有了首卡就有了护身符，这对农业银行来说是无效的。当然，也有曲线提额成功的可能。

3. 中国银行

一旦拿下中国银行首卡，后面的事就好办了。亲测申请二卡秒批，额度和首卡共享。

4. 建设银行

亲测申请二卡多数秒批，极少数申请二卡会电话征信，只有蝙蝠白金卡可以曲线提额至 2 万元。

5. 招商银行

亲测二卡秒批,不查征信,不上信报,额度共享。招商银行众多卡面是收藏控的最爱,相对来说比较稳定,不会"翻船"。

6. 交通银行

和招商银行差不多,二卡多数秒批,额度共享。非新户额度不足 3 万元想要曲线提额白麒麟,大多以失败告终。

7. 中信银行

申请二卡有少数被拒,亲测首卡 10 万元额度申请二卡被拒。额度共享,销卡可曲线提额,但有风险。

8. 平安银行

亲测二卡多数秒批,可曲线提额白金卡。

9. 广发银行

亲测二卡可能被拒,独立审核,有时会电话征信。据笔者所知,有不少卡友二卡申请广发银行被拒绝了。至于二卡申请犀利卡的,更是阵亡一大波。因为独立审核,所以也有可能会曲线提额。

10. 浦发银行

申请二卡有少数被拒,极少数二卡电话征信,可申请运通白金卡或者御玺卡尝试曲线提额。

11. 光大银行

光大银行首卡面签就比较难通过,二卡仍有少数可能被拒绝,极少数二卡电话征信。虽然可曲线提额白金卡,但是仍然要先过面签这道关。

12. 民生银行

亲测二卡多数秒批,无征信,不上信报。

13. 兴业银行

亲测二卡多数秒批,无电话征信,可申请大白金卡尝试曲线提额。

14. 华夏银行

申请二卡有少数被拒,独立审核,有时会电话征信,也会曲线提额。

15. 邮政储蓄银行

申请二卡多数秒批，独立审核，有时会电话征信，也会曲线提额。可问题是邮政储蓄银行卡种类本来就少，二卡又有何意义呢？

16. 北京银行

亲测二卡多数秒批，但独立审核，有时会电话征信，不会曲线提额。

不看不知道，一看吓一跳。原来有那么多银行二卡也会上征信；原来有那么多银行曲线也不会提额；原来有那么多银行二卡也独立审核。

4.4 信用卡到期的正确处理方式

信用卡安全无小事，有效期、CCV2 码、卡号等都是信用卡安全要素，不要轻易泄露。图 4-2 所示为信用卡卡面的详细信息。

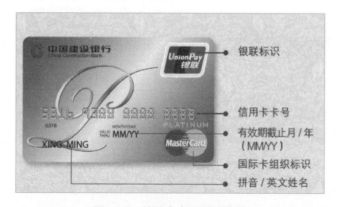

图 4-2　信用卡卡面详细信息

虽然这是大部分信用卡玩家都知道的常识，但也有不懂的新手。而关于信用卡有效期的知识，系统了解的人就更少了。

所以本节笔者就来系统地梳理一下，什么是信用卡有效期、为什么要设置信用卡有效期、有效期有多长、过期不用的信用卡正确处理方式以及有效期到期的信用卡正确处理方式。

1. 为什么要设置信用卡有效期

卡片上之所以设置了有效期，除了出于安全考虑外，还有如下一些原因。

1）安全

如果信用卡没有有效期，那么当信用卡丢失或者长期闲置，而且你也忽视了它的存在的时候，就有可能被不法人员取得卡片并利用其盗刷、犯罪。所以银行设置有效期也是为了降低风险及损失，信用卡上的有效期一旦过了，卡片就失效，不能再使用了，从而起到止损的作用。现在，储蓄卡也开始设置有效期了。

2) 卡片磨损

任何物品在经历了一定程度的磨损之后，都有可能损坏。因此在使用一段时间后，就需要更换新卡，保证持卡人能够正常用卡、刷卡。

3) 更新功能

为了能够给持卡人更好的体验和服务，卡片的功能也会不断更新，比如从磁条卡到芯片卡的更新，在安全性能上有了很大提升，大大减少了信用卡盗刷的可能。

4) 重新评估

除了卡片本身之外，银行也需要对持卡人重新进行风险评估，持卡人的财力和工作等都会不断地发生变化，银行为了降低风险，需要重新对持卡人进行评估。

5) 增加保障

我们在线上支付时，有时需要输入有效期、CCV2 码等敏感信息，多一道验证就多一分安全。所以在晒卡片的时候，请注意遮挡完整卡号、有效期。

2. 在哪里看有效期

信用卡有效期通常为 5 年(也有 2 年、3 年、10 年等)，一般在信用卡卡号的下方，前面表示月份，后面为年份，如图 4-2 所示。

举个例子，如果你的信用卡卡片上的有效期是 09/18，那就表示这张信用卡的有效期是到 2018 年 9 月份，过了 2018 年 9 月份这张卡就不能用了。

3. 过期就注销了吗

信用卡到期后会自动失效，但与注销不同，不会自动销户，如果需要销户还要致电客服申请。在登记正式注销 45 天后，可再次致电客服确认是否销户。

4. 信用卡到期的正确处理方式

1) 提前准备

银行制作与寄送新卡也需要时间，最好提前更换，避免青黄不接。提前一个月联系发卡银行，要求更换新卡，否则卡片到期后就不能使用了。

当然，现在大部分银行在信用卡快到期之前都会主动联系你。

2) 及时激活新卡片

信用卡到期续卡成功后旧卡仍可使用，旧卡将会在信用卡到期或新卡激活后失效。因此，一定要及时激活新卡片。

3) 旧卡片要及时剪毁

旧卡片仍有被盗刷的可能，保险起见，需要在新卡片激活之后及时剪毁旧卡片。

但是很多卡玩家都是收藏控,舍不得剪卡的话切记收好。

信用卡有有效期,其实积分也有有效期,甚至有的银行积分有效期是随着信用卡有效期的到期而失效,所以一定要关注一下积分有效期。

4.5 刷卡和时间的成本、价值与力量

笔者的观点一直是"轻松上阵、开心玩卡"。羊毛是薅不完的,时间终究是有限的,将有限的时间投入到无限的羊毛中,我们更应该权衡一下,所付出的成本和收益是否成正比、是否值得。

比如招商银行的"十元风暴"活动,如果没有白金卡,就不太值得参与;再如交通银行的"周周刷"活动,我们需要算一下为之所付出的成本和收益,是否值得参与活动。

笔者粗略归纳一下,参加银行各个活动一共有 5 个方面的成本,即刷卡成本、机会成本、沉没成本、风险成本、时间成本。以下笔者将具体来介绍。

1. 刷卡成本

刚需固然最好,如果不是刚需,可以考虑购买京东卡之类流通性强的打折出售商品,或者简单刷卡,总之开源节流很重要。

2. 机会成本

机会成本是指为了得到某种东西而要放弃另一些东西的最大价值,也可以理解为在面临多方案择一决策时,被舍弃的选项中的最高价值者是本次决策的机会成本。

这个其实也很好理解,比如很多活动的"抢兑"时间都是早上 10 点,如果你只有一部手机一个账号,又没有开挂,要么抢兑民生银行大众点评 50-30 元的美食券(价值 25 元),要么抢兑中信银行 9 积分权益星巴克(差不多对等的价值)。你只能从两个中选择一个,而不得不放弃另一个,这就是机会成本。

或者为了参加某个活动获取某项银行权益,而放弃了出去跑业务来提高业绩的机会,也是机会成本。总之,鱼和熊掌不可兼得,你肯定会舍弃其他一些东西。

3. 沉没成本

沉没成本是指由于过去的决策已经发生了,而不能由现在或将来的任何决策改变的成本。简单地说就是已经发生不可收回的支出,如时间、金钱、精力等。

就拿交通银行周周刷来说,为了拿到无人机,笔者连续刷卡达标 8 周并且刷了 10 万元了,但是后来发现,如果要挤进前 2 万名获得 8 周奖励,至少还要再刷 30 万元。这样算下来笔者认为不划算,便放弃了冲击 8 周名次的奖励,但是已经刷卡的

手续费、时间、精力等是无法收回的,这些就是沉没成本。

关于这一点,越早止损,沉没成本越低。

4. 风险成本

常在河边走,哪有不湿鞋。比如浦发银行曾直接发公告告诫大家参与活动要适度,不能太频繁;再如某些卡友为了参加某些活动而疯狂刷卡,最后被关小黑屋、降额、封卡。

除此之外,还有我们为此付出的精力,上闹钟 0 点起来抢,会睡不好,打乱生活节奏,进而影响身体健康,这些都是风险成本。

5. 时间成本

一个活动从你了解规则、刷卡达标、调好闹钟、进入活动界面、输入验证码、抢兑、支付、变现,至少需要 5 分钟。

你的 5 分钟值多少钱?按国家《劳动法》来计算,每天工作 8 小时,每月工作 22 天,每年 12 个月,你每年工作时间是 12×22×8×60=126720 分钟。假设你一年的收入是 10 万元,那么你每分钟的成本就是 100000/126720=0.79 元,5 分钟就是 3.95 元。如果这个活动收益还不到 5 元钱,那么就是不划算的。

笔者在此提供了一个时间成本速算表格,让你快速知道在某个活动中你的时间成本是多少,如表 4-2 所示。

表 4-2 时间成本速算表格

年收入/万元	每分钟成本/元	5 分钟成本/元
3	0.24	1.18
5	0.39	1.97
10	0.79	3.95
30	2.37	11.84
50	3.95	19.73
100	7.89	39.46
500	39.46	197.29

6. 时间的力量

人最宝贵的是时间,说完了时间的价值,我们顺便聊一聊时间的力量。先问大家一个问题:

两个年轻人,一个人在 23 岁开始每年投资 10000 元,直到 45 岁,每年按照复利 15% 的收益增长;另一个人年轻的时候活得自在,32 岁才开始投资,每年存 20000 元,同样按照 15% 的复利计算,当两人都到 45 岁时,你认为谁的钱更多?

答案是 23 岁开始投资的年轻人。23 岁的年轻人到 45 岁时,通过复利可以获得

137.63 万元，而 32 岁才开始攒钱的人到 45 岁时，虽然每年的投资金额是 23 岁年轻人的两倍，但他只能获得 68.7 万元。

因此，越早投资，就越容易创造财富，这就是时间的力量。年轻人最大的资本就是时间。

爱因斯坦说过"复利是世界第八奇迹"，其中，复利公式可以表述为：本利和=本金×(1+利率)的 N 次方。假设本金为 10000 元，利率为 15%，那么 5 年后 10000 元变成多少呢？本利和=10000 元×$(1+15\%)^5$=20113 元，五年翻一番；30 年就是 2 的 6 次方，即 64 倍。由此看来，时间就是年轻人最大的资本。

复利公式揭示出本金、利率、时间这三要素。本金不能亏损，利率越高，持有时间越长，复利的威力就越大，这就是时间的威力。

4.6 银行为什么会认为你在套现

使用信用卡的人都知道银行是不喜欢大家套现的，而且套现是违法行为。如果被银行发现持卡人有套现行为，轻则被降额度，重则有被要求销卡的风险。如果你在用卡期间被银行认为存在套现行为，那么就是下面这 4 件事出卖了你。

1. 原因一：经常刷整额

经常刷卡刷整数或者接近整数，而且刷卡数额相对较大。这种刷卡方式会引起银行的怀疑，大家需要谨慎一些。

2. 原因二：刷卡商户全国各地乱跳

如果你上午还在北京地区商户刷卡消费，而下午跑哈尔滨商户消费了，这种刷卡方式是最容易引起银行怀疑的。

3. 原因三：经常半夜刷卡

半夜刷卡不是什么新鲜事，但是经常半夜刷卡就不太正常了。如果银行查出刷卡时间跟 POS 机商户营业时间不匹配的话，银行就会认定你是在套现。

4. 原因四：低频高额刷卡

如果你每次刷卡消费都是不刷则已，一刷惊人，或者刚还款就马上刷一笔大额消费出来，那么银行就会认为你是在套现。

信用卡套现是违法行为，大家在日常用卡时，应该保持正确的用卡方式，不要过度透支，即使真的遇到难处，也不要套现，这样才能长久地使用信用卡，成为信用卡的主人。

4.7 玩转信用卡资金流，教你最佳方式

如今各大银行都在缩水、砍权益，今后靠玩卡撸积分和权益会越来越难，所以我们的目光应该放远一点。通过信用卡赚钱的方法大概有以下 4 种。

（1）利用信用卡的基本功能，透支以及短期小额借贷的功能解决消费和对资金的需求。

（2）参与银行的各种活动，如积分、优惠、返现、活动礼品。

（3）享受信用卡相关的各种权益，如机票、酒店、贵宾服务等。

（4）利用免息期内获取的资金赚取更多收益。

第一种是信用卡的最基本功能，谈不上赚钱；第二种、第三种是 90%以上的卡友目前利用信用卡赚钱的玩法，此领域玩法花样百出，且规则经常变更，活动层出不穷，还具有一定时效性。

本节主要从第四点展开，不过第二种、第三种方法与第四种正在慢慢融合，这是趋势，很多会玩的卡友会将这几种方法配合使用。

那么什么是无损？经常有卡友咨询笔者无损的路子。首先，大家认为什么是无损？你想象的无损是什么样子的？是刷卡手续费低？低到什么程度？0 吗？银联、银行不是慈善家，收单机构也要养家糊口。银行只有赚钱了，你的卡才会玩得长久、才能提额，独乐乐不如众乐乐，大家都能赚钱才开心。笔者给大家说个小故事。

小招问行长老爸："老爸，银行的钱都是别人的，为什么银行能赚那么多钱？"

老爸说："去冰箱拿块猪肉出来。"

小招拿猪肉过来。

老爸说："再放回冰箱！"

小招纳闷地问老爸："老爸，你这是干吗啊？"

老爸意味深长地说："看看你手上是不是有油了？"

小招顿悟！

真正相对的 0 无损，就是你的资金所能产生的收益。当你的资金被动收益能够完全覆盖成本，那所有的羊毛、权益、积分、礼品、返现不都全是正收益了吗？如果这个收益再高一点，那么借鸡生蛋的故事就会在你身上上演。

信用卡和储蓄卡最大的区别，就是信用卡有免息期，一般是 50 天左右，在免息期内刷卡消费是没有利息的，相当于免费使用银行的钱了。

假设你本月有 1 万元的消费，如果用信用卡来支付，就能享受到免息期，在此期间，你能把自己手上的现金腾出来，用来做短期投资。如果这笔投资的回报率高，那么这笔刷卡交易就相当于为你收获了收益。所以，充分利用免息期、利用时间差来赚

取收益是信用卡生财的思路之一。

聪明的卡友已经领会了前面的思想并且为己所用。执行力强的卡友已经获得上万元的利润，买5%的银行理财，能赚2个点，1万元一年能赚200元。这点收益大家明显看不上，所以要在安全的前提下寻找更高的收益。

4.8 为什么费率低于0.6%的POS机不能刷

为什么费率低于0.6%的POS机不能刷？关于这一点，笔者先给大家普及一些基础知识。举个例子：你今天晚上吃饭，在饭店刷卡消费了1000元，但其实商家是拿不到1000元的。2016年9月6日费改之后，刷卡费率为0.6%，商家拿到手的是994元，付了6元手续费。

所以有时候我们会遇到一些经营不善的小饭店，店员会隐晦地和你说："今天POS机正好坏了，所以请你付现金吧。"这样就能省下一点手续费。

总而言之，商家付了一定比例的手续费。而这一部分钱由三批人分，分别是发卡行、银联、收单机构。费改之前，商家会支付0.78%的手续费，三家分钱的比例为2∶1∶7。收单机构占0.15%，银联占0.08%，发卡行占0.55%，费改之后，这一占比变为收单机构占0.085%，银联占0.065%，发卡行占0.45%。下面我们具体来看看。

1. 收单机构

收单是一个需要庞大人力的行业，养活着几十万名从业人员。当你去购物，营业员拿出一个POS机让你刷卡时，你有没有想过，这个POS机要多少钱，这个POS机是怎么到每家店铺里去的。做这一行的，就叫作"收单"。

收单就是一个苦哈哈的小伙子，背着十几部机器，跑到各家店铺，苦苦劝说店家老板装上一台机器，并且每个月回访一次，如果店家的打印纸用完了，还要免费给店家换新的纸卷、墨盒。

放眼中国几千万家商户，这是靠"人力"一家家铺过去的，此后的运营维护，也是每个月要上门的。"收单"是一件人力密集型的工作，大街小巷一个个小店铺扫过去，签协议。在整块佣金蛋糕之中，"收单"拿走的那一点点，天公地道。收单是一件利润微薄的事，挣的是辛苦钱。

2. 银联

早在20世纪90年代刷卡的时候，如果你去"第一百货"买东西，收银台前摆了十几个POS机。如果你刷的是中国银行卡，收银员看了一下，掏出一个中国银行POS机；如果你刷的是工商银行卡，收银员看了一下，掏出一个工商银行POS

机；如果你刷的是建设银行卡，收银员看了一下，掏出一个建设银行 POS 机。

20 世纪 90 年代，有一个"金卡工程"，它有一个重要目的就是"互联互通"。此后，收银台就只有一个 POS 机了，即"银联标准机"。如今的流程变成了：刷卡—银联—银行。其中，银联收取 0.065%的费用，银联的收费看似是三个环节中最少的一个，但是相对来说，银联付出的劳动最少，银联的成本也最少，所以银联依然是最赚钱的一个。

最典型的例子莫过于"支付宝"，当 2004 年刚开始看支付宝 Ver1.0 的界面时，它是没有今天"统一"的支付宝盾形界面的。当时在淘宝购物，如果使用支付宝付款，页面打开的是几十家网银，几乎每一家大银行都能在上面找到。

所以支付宝一出来，就不再跳转至银联的支付界面了，无论你刷哪一张卡，支付宝支持的那三十几家银行你都可以刷，绕过银联。虽然支付宝后来也向客户收费，但还是比银联便宜。

3. 银行

0.45%的手续费是分给银行的，看似银行拿得最多，但其实银行也没赚钱。因为银行要提供三大福利：积分兑换礼品、免息期、各种权益和羊毛。其中，"积分兑换礼品"方面，虽然各大银行吹嘘得眼花缭乱，但总体平均下来大致就是 0.2%，各家银行可能有细微差别。

各种权益、羊毛，银行有自己的营销费用预算，暂且不放进成本里讨论。银行拿到手 0.45%，扣除了礼品 0.20%，还剩下 0.25%，这 0.25%要负责你的"免息期"。一般情况下，普通客户账期卡得不紧，平均免息假设为 42 天，则"资金成本"大约为年化 3%。也就是说，你在商户刷了卡，银行借给你 3%年率的资金，借一个半月。

所以从这里可以看出，这点费率银行也不赚钱。要是遇到账单日、还款日，卡得很精确的、羊毛撸得很厉害的持卡人，光靠费率，银行妥妥亏钱。银行发信用卡的主要利润来源于账单分期的利息收入、逾期的高额罚息等。

从以上分析我们可以看出，"支付"这根链条，利润十分微薄。你在海鲜大酒店吃了饭，刷了 1000 元。龙虾、象拔蚌的毛利可能有数百元之巨，可是"支付"环节，你一共才掏了 6 元给收单、银联、银行分。

每个机构赚的都是几分几厘的沙粒，因此，"不付佣金"的交易是没有积分的，这是显然的、公平的、合理的。

4. 哪些是 0 费率、低费率的行业

什么样的交易才是佣金低费率，甚至是"不付佣金"的呢？中国明文规定的，共有 8 类。其中，税费、医院、学校、慈善、水电煤 5 类为"民生"类免收手续费。以下 3 类"大型交易"不收手续费，是因为金额太大，或者利润太薄，所以无法收

费。

（1）房产。一套房产动辄数百万元，如果收取佣金就是上万元，售楼处估计要吵翻了，因此无法收费。

（2）汽车。汽车 4S 店其实利润十分微薄，某人返 0.6%就把整个经销商体系搅乱打垮了。

（3）批发。批发的利润低到 0.01%，一笔上百万元的批发业务，可能仅仅只赚几百元，这是残酷现实。

对于以上 3 类大型交易，因为没有办法收取佣金，所以被称为"**封顶机**"。封顶机的意思就是无论你一笔刷多少钱，永远只收 80 元。但"96 费改"（指对银行卡收费模式和定价进行改革，在 2016 年 9 月 6 日正式实施，因此简称"96 费改"）之后，要求全面取消封顶机，现在基本不存在了，所以很多楼盘买房已经不能刷信用卡了。

一张白金卡，额度 20 万元，一个半月免息期。哪怕按照银行内部核算，也要近 750 元的资金成本，而刷封顶机才收 80 元手续费，再按照 2：1：7 比例划分，银行到手 56 元。

按照银行内部"大数据"的核算方式，如果你刷 0.6%的银联标准机，则银行可以分到 0.45%，扣除积分回馈，还有 0.25%，勉强支撑成本。但如果刷的是房产、汽车、批发等交易，80 元封顶，银行是亏本的。所以我们最好不要刷封顶机，因为银行内部会核算，当你的"亏损额"达到一定程度时，银行会找一个借口"封"你的卡。

5．一分钱一分货

通过以上内容，了解了 3 批人分钱的具体原因和数量后，相信大家已经明白，费率固定为 0.6%：银联的费用是不可能减少的固定成本；银行的费用如果减少了，对卡不利，银行将进行降额封卡；收单机构成本是硬性支出，改不了。

以上硬性支出加起来，收单机构的成本就是 0.5%以上了，那么市面上低于 0.6%费率的 POS 机是什么情况呢？市场上我们经常看到一些 0.58%、0.55%甚至 0.54%的 POS 机，可以想象他们的第三方支付公司、收单和代理商们不仅完全没有利润，还会亏钱。加上公司运营成本、人员成本、售后服务等，这些都是需要资金的。商家不是慈善家，不赚钱肯定是不可能的。所以，这些低费率的机器都会悄悄跳到公益类、优惠类的商户中来减少成本，从中获取利润。

换位思考一下，如果你是银行，免费给用户办了卡，提供了各种活动、羊毛以及免息期，结果用户天天刷这些优惠类、公益类商户让银行亏钱，你会怎么办？收单机构、支付公司、代理机构不是慈善家，银行也不是，所以降额、封卡才是最直接、最行之有效的手段。

一个很简单的道理，公司没有利润支持的政策都是浮云，这个市场并不是以利润高来发展的，而是以客户为宗旨，以优质的产品为发展前提。POS 机比的不是谁的费率低，再低，一万元钱也差不了几元钱；也不是比谁的机器便宜，再便宜也不过相差几十元。

最后，笔者想给大家一点忠告：便宜的机器和费率，出现问题没售后真的很麻烦，这几十元钱和你的信用卡封卡降额相比，孰轻孰重，自行斟酌。至于那些寻找"无损"路子的人，最后受损的都是自己。

4.9 智能信用卡代还？全是陷阱

以前我们说的信用卡代还，是指当持卡人的信用卡最后还款日到期时，本人一时无法全额还款，最低还款又要支付高额利息的情况下，为了保持良好的信用记录，可以委托他人代还，之后再以刷卡消费的形式将还款金额刷出，把资金返还给帮忙还款的人。这个大家都懂，但玩卡的谁会去找这种代还？

笔者本节说的是近期很火的信用卡代还 App。你有没有听过"智能信用卡代还"软件？号称信用卡只需要预留 5%的额度即可自动帮你还完全部账单，而且费率不到 1%，且自动操作、美化账单、有助提额等。

比如你某张卡 10 万元账单到期了还不上，而代还 App 推广商告诉你只需要留 5%的额度，也就是 5000 元在卡上，收费 1 个点，即可帮你一键自动还清 10 万元账单，而且还能美化账单、有助提额。

听上去是不是很不错？尤其是对于炒房的资金党，简直诱惑太大了。本节我们来揭露一下代还的陷阱。

代还的原理：此类 App 的原理就是把信用卡绑定 App 代刷，储蓄卡绑定 App 代扣(用于偿还信用卡)，然后通过快捷支付将 5%的资金支付到 App 平台商户账户，平台将资金委托某代付给客户的储蓄卡，再通过某支付公司或者某银行的小额代扣通道，将客户的储蓄卡无磁无密地分笔扣除代还到信用卡。

比如一张 10 万元账单的信用卡，还剩下 5000 元额度，就先把 5000 元额度通过快捷支付刷出来，然后还进信用卡，此时欠款 95000 元，可用 5000 元额度；再把这 5000 元刷出来(单笔或多次)，再还进去，此时欠款 90000 元，可用 10000 元额度。如此循环，直至还清账单。

看懂了吧？聪明的人看到这里应该一眼就能够看出此类 App 业务的风险之处。

1. 隐私保密

"避免您的账户个人信息泄露。"这是最打脸的一句广告词，要实现智能代扣，需要你信用卡的卡号、CVV2 码、手机号、身份证号、验证码等授权签约网付代扣或者小额代扣。

这些资料全都泄露出去了还安全？对方想什么时候刷你的信用卡就什么时候刷你的信用卡，等哪一天客户积攒多了，全部集中刷完跑路都有可能。为了大家能够更好地理解，笔者举例说明。

比如张三在该平台绑定了快捷支付，信用卡要素信息已经泄露，平台方完全可以在张三不知不觉的情况下完成盗刷。同时，由于张三在该平台授权了储蓄卡代扣，就造成平台可以无须通知、无须密码就通过授权代扣储蓄卡内的资金，风险极大。避免个人信息泄露仅仅是找中介养卡而言。你的信息透露给个人中介肯定不安全，但透露给这个 App，就安全了吗？

这波代还 App 风潮，注定是赚快钱的，做不了多久。等到风潮过去的时候，你的身份证号、信用卡号、借记卡号、银行密码等一系列信息，不知道会被卖给黑色产业多少次。

2. 智能代还

智能代还，一键操作，省心方便。正常人都是一笔还清账单，实在不行也就是两三笔还清。一次账单你来回倒腾十几次还清，当银行是傻子吗？当发生还进去就不能实时恢复额度被风控的情况、能还进去却不能刷出来时，你傻眼了吧？

3. 收费低廉

这类 App 目前收费一般在 0.85%左右，不到 1%，对很多外行来说看上去确实很低，但是玩卡的朋友一看就笑呵呵了，银联规定的标准费率才 0.6%，更何况这还是 0.38%的线上支付。再给你来几笔公益类 0 费率，成本多低可想而知。这中间存在的巨大利润空间，是现在代还 App 能够兴起的一个重要原因。

4. 美化账单

忽悠一下外行还行，长期关注信用卡的我们能不知道什么账单好看吗？更何况这全部是线上支付，甚至是 0 费率，银行不封你的卡就算幸运了，美化账单提额是不可能的。

5. 不用忘记还款

关于这一点，系统设置好了时间自动刷卡扣款还款，对懒人很有吸引力。但是看到了上面的风险，你还能放心使用吗？笔者建议还是勤快点，用信用卡管理软件也比这些强。实在担心信息泄露的，用 Excel 表格比什么都好使。

6. 易陷骗局

代还平台有真有假，真的也就是上面的坑，无非信息泄露严重伤卡。更有假的直接拿着你的资料再去办各种小额贷款，然后盗刷完卡跑路。

天下没有免费的午餐，看上去一劳永逸的事情也没那么美好。大家凡事最好还是留个心眼。

4.10 信用卡销卡 6 大坑

经常有卡友在申请信用卡的时候，因为"总授信过高""已持行数过多"等原因被拒绝；有的卡友因为信用卡太多管理不过来，忘记还款导致征信上留下污点；有一些卡片，不断缩水，已经失去了持有的意义；有类似工商银行全币种卡，一卡二十多个户口，严重花信报。

出现以上情况就应该销卡了。但是，销卡这事儿得慎重。不仅销卡和销户有很大区别，有的银行会因为销户而记仇；而且销卡过程中还有很多注意事项，一不留神就留下终身遗憾。

曾有卡友向笔者反馈因为销卡细节没做到位，导致欠了年费却不知情，几年过去了，申请房贷才发现，已经上报征信，导致房贷无法审批下来，悔之为时已晚，真是一失足成千古恨。所以本节内容虽然是老生常谈，但也应该引起各位的注意，不要以为这是小事，须知淹死的都是会游泳的。本节笔者就总结销卡过程中的 6 大注意事项。

1. 销卡、销户区别大

注销信用卡分单卡注销和整户注销。单卡注销一般申请销卡后，即刻生效；而整户注销，则是注销持卡人整个账户。

销户前必须还清所有欠款，且申请销户后，一般需要 45 天后才会正式生效，注销账户后积分清零。所以如果要销户，请先把积分用完，积分很值钱。

2. 销卡不销户有风险

如果你在某银行有多张信用卡，只是销掉其中某一张或某几张没用的卡(比如招商银行已经陨落的腿毛卡)，那么销卡不销户是正确的。

如果你在某个银行只有一张信用卡，要注销这张卡(其实相当于销户了)，但是你没有明确说要销户，有可能银行替你保留了账户，即"销卡不销户"，这样是有风险的。

销卡不销户，你的个人信息仍然会留存在信用卡中心，如果这是你在该银行的最后一张卡片要注销，为了避免不必要的麻烦，建议销卡时顺便销户。此外，如果只销卡不销户，你在这家银行就属于老户，而非新户，以后再申请该行信用卡不仅没有新户礼，而且还比较难通过。

所以，有的卡友这样玩：每次申卡下卡首刷之后，撸完开卡礼就销户，过了规定的时间(一般银行规定销户 180 天/365 天之后算新户，每家银行政策不一样)，又是新户,又去申请卡片,再撸开卡礼,撸完又销户,如此循环往复。

3. 逾期卡片谨慎销

有的卡友信用卡不小心逾期了,就想着立马销卡、销户,这样银行就不能看到自己的逾期记录了。其实这是大错特错的处理办法。

逾期之后若马上销卡,逾期还款记录5年内会一直保留在个人信用报告里,无法消除。

在个人信用报告上,一般显示的是信用卡最近24个月的还款记录。如果想要销掉信用卡相关的逾期记录,就要继续使用至少24个月,而且在此期间要做到消费后按期还款,以便在个人信用报告里给银行留下最近一段时期按期还款的良好印象,冲掉之前的逾期记录。

4. 未激活也可能产生年费

这种新闻其实已经屡见报端,大多是在上大学期间为了获赠一些小礼品而申请了信用卡,却没有激活使用。

一般来说,信用卡不激活就不会产生年费,但是有一些高端卡以及特殊材质的信用卡,只要办下来,即使不激活也会产生一定的年费。等到该用户几年后申请房贷,才发现由于逾期未交年费,已经上了征信报告,房贷也批不下来,后悔莫及。

所以,没事不要贪图小便宜,申请了卡片又不激活,会给银行造成很不好的印象,以后再去申请信用卡就很难了。此外,只要信用卡核发下来,不管激活与否,都会体现在你的征信报告上,占用你的授信总额度,一旦有欠费记录,就会影响个人征信。

5. 清账期内勿用卡

一些银行在销户时,需要等待45天左右的"清账期",保证该卡没有任何延迟交易后才能注销。在这个"清账期"内,千万不要再使用该信用卡进行任何交易了,否则会销卡失败。等"清账期"过后,银行会为你自动注销信用卡,为了保险起见,也可以打电话给银行进行确认。

6. 妥善处理失效卡

信用卡、银行卡成功注销之后,一定要把作废的卡片磁条剪断,以防被复制信息或盗刷。需要注意的是,如果信用卡已经遗失,又想注销该卡,为保证安全,最好先申请挂失,然后再注销。

此外,即使是过了信用卡有效期的卡片,也要妥善处理,要么剪卡销毁,要么好好收藏保存起来,切勿乱丢。

4.11 最全境外刷卡攻略

都说境外好,活动返现高,提额很容易。很多银行喜欢境外消费,毕竟有境外消费能证明持卡人经济能力较好、消费能力强,且境外消费银行的收益更高。所以,在卡圈,流传着"多刷境外消费容易提额"的说法,事实证明这确实有一定效果。

大家从各家银行狂推各种境外活动、境外活动各种返现、多倍积分奖励中也能看出端倪。境外消费有以下 3 大好处。

(1) 或许有助于提额(没有科学严谨的证据表明一定能提额)。

(2) 完成一些活动任务。

(3) 获取境外返现。

比如渣打臻程白金卡的境外消费 20%返现,线上也可以获得返现。但是自 2019 年 8 月 1 日之后缩水为每月境外线上返现 50 美元了。

有需求就有市场。因此,市场上经常流传所谓的"境外机",号称一刀提额。经常有卡友问笔者,笔者的回答一律都是:不要用。不仅费率高,更重要的是非常不靠谱,分分钟被盗刷。那么真的出国去了,面临以下几个问题时应该如何解决?

(1) 境外消费,刷卡好还是付现金好?

(2) 外币现金带多少合适?如何换汇最划算?

(3) 信用卡怎么刷?

(4) 购物后,如何退税?

接下来笔者就为大家介绍一些实操攻略。

1. 换汇

出发前先在国内银行兑换适量外币,不用太多,比如用于抵达境外机场后要打车、吃饭、给小费等。银行换汇的汇率通常是最划算的,一定要货比三家,关注下小银行的汇率,可能会有惊喜,参考卖出价。

每人出境携带不超过 2 万元人民币或 5000 美元的等值外币,超限须向中国海关申报。如果兑换小币种,最好提前预约,以免银行网点库存不足。到了当地后,如果临时外币不够用了,换汇渠道如何选择呢?通常,可在境外 ATM 取现>当地银行>市区货币兑换点>当地机场兑换点。

2. 境外取现

借记卡优于信用卡,除个别有手续费优惠的信用卡外,一般信用卡境外取现费率为 1.5%~3%,且有每日万分之五的利息,而借记卡手续费通常在 1%左右。你也可以办一张境外取现免手续费的借记卡。

银联卡只限用于银联标识的 ATM，注意有些地方不支持国内的纯芯片卡，必须是磁条卡，如果是芯片+磁条复合卡，可以试着遮住芯片来刷。如果有国际卡，如 Visa、MasterCard 等，可以通过相应的 ATM 取现，它会先从外币账户中扣款，当外币账户余额不足时，再用人民币账户中的余额购汇。

关于银联卡境外取现限额，一般银联渠道每日限等值 1 万元人民币，但农业银行等相对较严，借记卡每日取款上限为等值 5000 元人民币。国际卡境外取现限额，一天不能超过等值 1000 美元，一月累计不能超过等值 5000 美元，6 个月累计不超过等值 1 万美元，1 年累计不超过等值 2 万美元。另外注意境外银行的 ATM 本身也有单笔或单日取现限额。

3. 境外刷卡

很多地方可以刷银联卡。刷银联卡时，外币消费直接换算成人民币入账，没有货币转换手续费，但要使用银联的汇率，这个汇率略高。刷外币卡走 Visa 或 MasterCard 通道，如果是美元卡在美元区消费，则没有货币转换手续费，美元入账，美元还款；如果是美元卡在非美元区消费，可能会被收取货币转换手续费。

避免 DCC(Dynamic Currency Conversion，动态货币转换)，原则是在非美元区消费，商品以非美元计价，刷卡时选择当地货币结算；如果在类似免税店等场景，商品直接以美元标价，刷卡的美元金额与标价一致，那么选择美元支付。刷卡消费别忘了享受境外返现或多倍积分的优惠。

4. 境外防盗刷

刷卡前，遮挡好信用卡卡面信息，尤其是卡背的三位数字。关注发卡行官方信用卡微信公众号，及时获取每笔交易信息，一旦发生盗刷可以在第一时间收到通知。

确保刷卡时，信用卡不离开视线，防止被人记录卡面信息。交易后，认真核对账单信息，避免被多扣款或者重复扣款。刷卡小票不要乱丢，上面有部分信用卡信息。尽量把信用卡和身份证、护照等分开放，避免同时发生遗失、被盗刷的可能。

5. 退税

支付宝退税很方便，只需在退税单（印有 Alipay 选项标识）上填好绑定支付宝的手机号、护照号和中文名拼音等必要信息，离境前把退税单交给海关检查盖章，并投递到机场指定的信箱。

最快 10 个工作日后，退的税金就会自动兑换为人民币到消费者的支付宝账户上。支付宝退税，一般由合作的退税公司收取手续费，汇率按照退税公司的汇率计算，通常略高。

有些地方不支持支付宝退税，现金退税的方式相对更加稳妥、到账快，且没有丢单的情况。以欧洲为例，现金退税是退欧元，可以直接在机场免税店花掉，但现金退税会被收取一定的手续费。

有些退税公司支持回国后在指定城市(比如北京、上海等)办理现金退税，注意退税单必须加盖清晰的海关章才能在国内退税，同时也是有手续费的。

信用卡退税适用范围更广，几乎所有的退税公司都支持信用卡退税；操作也比较方便，海关盖章后填写信用卡号投入对应信箱即可，一般不需要排队。大部分银行信用卡退税会算作"退款"交易，可能会倒扣积分，如果持卡人参加了银行的一些优惠活动，比如境外消费多倍积分或者消费返现等，退税的部分被看作"退款"交易，会存在活动是否达标等问题，持卡者一定要注意。

第 5 章

轻松变卡神，用好信用卡还能赚到钱

学前提示

要摆脱"卡奴"的困境，首先要清楚，信用卡消费时可以使用哪些服务，哪些服务可以帮助自己有效地用卡。卡友应该把信用卡当成一项理财业务来经营，而不是无限制地消费。因此，如何用信用卡减轻自己的负担是卡友们需要重点学习和掌握的内容。

要点展示

- ➢ 浅谈通过信用卡赚钱的方法
- ➢ 充分利用信用卡免息期赚钱
- ➢ 如何轻松玩转工行星级/刷星
- ➢ 各家银行兑换里程详细教程
- ➢ 关于信用卡的 3 个专项服务
- ➢ 关于信用卡的 6 项增值服务
- ➢ 白捡各大视频会员的方式

5.1 浅谈通过信用卡赚钱的方法

发大财的人有很多，一个月挣几万元的大有人在，挣十几万元、几十万元的人也不少。在笔者看来，互联网时代，要赚钱很容易，难的是持续赚钱，以及更轻松地赚钱。

本节笔者先和大家说说赚小钱的方法，并且把范围缩小，从大家持有的信用卡开始说起。

1. 信用卡额度实时变现金

信用卡本身就是一个低成本融资渠道，一张大额信用卡往往能在你急需资金时帮你的大忙。拥有多少家银行的信用卡，拥有多高的授信额度，是你资金周转能力强弱的表象。

2. 利用时间差，让免息期帮你生钱

信用卡有免息期(一般是 50 天左右)，在免息期内刷卡消费是没有利息的，这相当于免费使用银行的钱。假设你本月有 1 万元的消费，如果用信用卡来支付，就能享受到免息期。在此期间，你可以把自己手上的现金腾出来，用来做短期投资。如果这笔投资的回报率高，那这笔刷卡交易就相当于让你获得了丰厚的收益。所以，充分利用免息期、利用时间差来赚取收益是信用卡生财的方法之一。

3. 善用信用卡附加权益

为了鼓励、吸引客户办理和使用信用卡，银行会给出不少附加权益，比较常见的有以下几种。

1) 航空里程

信用卡积分不仅可以兑换礼品，还可以兑换航空公司里程，有些与航空公司联名的信用卡可以直接累积里程数，用里程兑换免费机票。高端卡兑换里程，个别银行甚至能达到 2.4 : 1(消费 2.4 元获得一里程)。

2) 酒店会员权益

使用一些高端信用卡和酒店联名卡可以以优惠价格入住星级酒店，或者以积分兑换酒店费用，这可以实实在在地让你省钱。香格里拉酒店住一送一、300 元钱住一线城市五星级酒店等，高端卡酒店权益往往不容忽视。

3) 机场贵宾厅权益

大家都喜欢享受贵宾厅服务，既舒适又有面子，但这些服务可不是免费的，如果你持有贵宾厅/头等舱休息室权益的信用卡(通常是高端白金卡)，就可以想进就进，畅

通无阻了。

4) 保险

不少卡种是附带保险权益的，只要你办了这张卡，就会送上高额保险，一般包括航空意外险、延误险、女性健康险等。举个例子，如果你经常出差，那么拥有一张航班延误4小时就能赔偿你4000元的卡，你是一定不会拒绝的。

5) 商超优惠

有的银行与一些大型商场、超市会定期或不定期地联合举办持卡人特惠活动，只要满足交易条件，就可以享受优惠。

6) 信用卡积分奖励

信用卡刷卡还可以获得积分。积分不仅可以兑换实物礼品，有的银行还可以兑换成刷卡金或者加油卡。

7) 其他活动

很多银行经常会定期制定一些活动，鼓励用户刷卡。比如有积分交易，2个月内刷满5万元就会给你500元的京东卡；连续×周刷满××笔188元以上的交易，就会奖励一个戴森v6吸尘器。对于这类非常规活动，我们只需要关注各大银行信用卡微信公众号就可以知晓。

在网贷投资圈中，大家更关注的是利用钱生钱、套钱来投资，却往往不屑于利用权益和积分；在信用卡撸羊毛、常旅客圈中，大家的注意力一般都放在撸各类信用卡的权益，而套出来的钱，如果能达到年化8%的收益，就觉得很厉害了。可喜的是，因为互联网的存在，两个圈子正在逐渐融合。

信用卡往往只能让你的生活变得更好一点、零花钱更多一点，想要靠以上几点来暴富是不可能的。要暴富，笔者很认同这个观点："平民暴富的共同路径是，提前判断出即将爆发的行业，然后加杠杆去承担风险。"

5.2 充分利用信用卡免息期赚钱

首先，笔者解释一下什么是信用卡的账单日和还款日。简单来说，银行会对你的当期应还款形成账单并通知你，账单形成日即为账单日。同时，银行不会要求你马上就还款，而是会给你一个缓冲期，通常是20天(具体根据各银行制定标准)，该期限截止日即为还款到期日。

在这20天之内全额还款或是选择信用卡最低还款额方式还款，可以享受免息待遇，但如果逾期，就会计息。

如图5-1所示，假如每月5日为账单日，25日为还款日，那么在5日以前的消费全部纳入本月账单，银行一般会在账单日通知你。当月25日之前完成还款都可以享受免息，25日之后则会计息。需要注意的是，在本月账单日和次月账单日之间的这段时间(见图5-1中的A~C时间段)的消费均会计入下个月的账单，还款到期日为次月25日，依次类推。

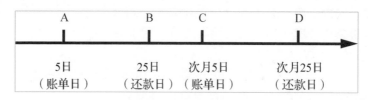

图5-1 账单日与还款日

前文也提到过，银行一般会给予我们20~50天的信用卡免息期。在账单日当天或后一天刷卡，你的消费就记录在下一期的账单日，也就是在下一期还款日还款，就可以获得50天及以上的超长免息期。

好好利用这段时间，不仅能让刷卡手续费回本，还能小小赚上一笔。账单日刷卡算哪期账单？在账单日刷卡，到底算本期还是下期呢？不同的银行有不同的算法，在4.2节中，笔者详细介绍过，在此不再重复。

5.3 如何轻松玩转工商银行星级和刷星

工商银行星级和刷星一直是大家津津乐道的话题，却仍有很多新玩家不知道工行星级为何物，刷星又该如何操作。工商银行的星级等级即贡献度，星级越高的客户，能享受越高级别的服务、权益和待遇，高星级的客户对信用卡额度也有益处。本节笔者将详解工商银行的星级，以及提高星级的方法。

1. 工商银行星级的分类

首先说明一下，工商银行的星级包括服务星级和贡献星级，一般服务星级在取号机上刷卡的排队小票、自助查询终端机查询金额下方(三星以下不显示)、网上银行登录后的欢迎页面以及银行柜面，这4个地方都可以查询，而贡献星级只能在柜面查询。

我们常说的刷星是指可以自行查看的服务星，但服务星的星级是随着贡献星星级的变化而变化的，所以利用刷星技巧是可以提高服务星级和贡献星级的。

2. 工商银行星级的等级区分

个人客户按贡献星级细分为七星级客户、六星级客户、五星级客户、四星级客户、三星级客户、准星级客户共六大类，每类客户的评价标准如下。

(1) 七星级客户：星点值在80000(含)以上。

(2) 六星级客户：星点值为 10000(含)～80000。
(3) 五星级客户：星点值为 2000(含)～10000。
(4) 四星级客户：星点值为 500(含)～2000。
(5) 三星级客户：星点值为 50(含)～500。
(6) 准星级客户：星点值为 0(不含)～50。

星点值等于 0 的客户不予评定星级。

工商银行六星级账户基本是必刷的，金卡对应的服务星级是五星级，六星级开始可以申请白金卡。

3. 五星级客户可享受的服务

(1) 提供理财金账户"六专"服务，即"专属贵宾通道""专享费用优惠""专家理财服务""专供理财产品""专业账户管理""专有精彩活动"。

(2) 提供个人消费信用贷款额度自动授信服务，各银行自行设置各星级基础授信额度，客户根据自身需要决定是否使用该额度，进一步拓宽客户融资渠道。

(3) 配发信用卡金卡，客户可享受信用卡金卡特惠商户优惠、机场贵宾通道等增值服务。

(4) 享受相关业务费率优惠。

(5) 服务渠道：主要通过贵宾理财中心、网上银行贵宾版、4006695588 贵宾服务专线、手机银行(WAP)、自助银行等渠道为五星级客户提供服务。

4. 六星级客户可享受的服务

(1) 提供"财""智""尊""享"四大系列十类财富管理专属服务，包括财富规划、资产管理、账户管理服务、理财顾问、财富资讯服务、贵宾通道、专享费率、专属介质服务、环球金融和增值服务等。

(2) 逐步将私人助理服务的惠及范围扩展至全部六星级客户，提供家庭综合保障、旅行与私人商务助理、高尔夫与奢侈品定制、环球医疗救援、中国汽车道路救援 5 项服务。

(3) 提供个人消费信用贷款额度自动授信服务，各行自行设置各星级基础授信额度，客户根据自身需要决定是否使用该额度，进一步拓宽客户融资渠道。

(4) 准许申请白金信用卡，申请成功后可享受白金信用卡特惠商户优惠、机场贵宾通道等增值服务。

(5) 享受相关的业务费率优惠。

(6) 服务渠道：主要通过财富管理中心、网上银行贵宾版银牌会员和 4006695588 贵宾服务专线、手机银行(WAP)等渠道为六星级客户提供服务。

5. 七星级客户可享受的服务

(1) 工商银行为七星级客户提供私人银行服务，在全面满足七星级客户现金管理、投资理财、贷款融资、银行卡等金融服务需求的基础上，重点为客户提供委托资产管理、遗产、房地产、退休、保险咨询与计划等特色服务，以及优先服务、优惠服务、专属 CFP 客户经理服务、高级特惠商户等增值服务。

(2) 提供涵盖家庭综合保障、旅行与私人商务助理、高尔夫与奢侈品定制、环球医疗救援、中国汽车道路救援等服务内容的私人助理服务。

(3) 提供个人消费信用贷款额度自动授信服务，设置各星级基础授信额度，客户可根据自身需要决定是否使用该额度。

(4) 准许申请白金信用卡，申请成功后可享受白金信用卡特惠商户优惠、机场贵宾通道等增值服务。

(5) 享受相关的业务费率优惠。

(6) 服务渠道：主要通过私人银行服务机构、网上银行贵宾版金牌会员、4006695588 贵宾服务专线、手机银行(WAP)等渠道为七星级客户提供服务。

6. 快速升级

符合以下条件之一的客户，若当前服务星级较低，系统将自动即时调高至对应的星级。

(1) 签订私人银行服务协议，调整服务星级为七星级。

(2) 开立工银财富理财金账户卡、白金信用卡，调整服务星级为六星。

(3) 开立理财金账户、信用卡金卡，调整服务星级为五星。

(4) 开立信用卡普卡，调整服务星级为四星。

7. 星点值是怎么计算的

星点值是根据你在工商银行(全行范围内)近 6 个月的资产、负债和中间业务进行汇总计算出来的。相关指标及计算如下所示。

(1) 金融资产指标由短期资产和中长期资产两个细项组成，指标计算为各项金融资产的半年日均余额。

短期资产主要包括：活期储蓄存款、第三方存管、灵通快线理财产品、货币市场基金、信用卡存款。每万元短期资产可获得 135 星点值。

中长期资产主要包括：定期储蓄存款(含定活两便)、公积金存款、理财产品(不含灵通快线)、基金(不含货币市场基金)、国债、保险、黄金(含纸黄金、实物黄金、品牌金)等。每万元中长期资产可获得 100 星点值。

(2) 个人负债指标由个人住房按揭贷款、其他个人贷款、卡透支 3 个细项组成，指标计算口径为各项个人负债的半年日均余额。

每万元个人住房按揭贷款可获得 100 星点值；其他个人贷款指标包括个人消费贷款、个人经营性贷款等品种，每万元其他个人贷款可获得 200 星点值；每万元信用卡计息透支可获得 200 星点值。

(3) 中间业务指标由投资理财类交易、卡消费交易、结算类交易 3 个细项组成，指标计算口径为半年累计交易金额。若单次交易金额超过该项业务手续费收取标准上限金额，则以上限金额作为该次交易金额计入指标统计。若单次交易已享受工商银行费率优惠，则交易金额按优惠比例折算后再计入指标统计。

投资理财类交易指标主要包括：基金购买与赎回(不含货币基金)、理财产品购买(不含灵通快线)、国债购买、保险购买、黄金买卖、外汇买卖等。每万元投资理财交易金额可获得 200 星点值。

卡消费交易指标主要包括：灵通卡、理财金账户卡(含工银财富理财金账户卡)、信用卡、贷记卡、准贷记卡等各卡种通过 POS 机刷卡消费产生的交易。每万元投资理财交易额可获得 400 星点值。

结算类交易指标主要包括：异地存取款、异地汇款、跨行汇款、速汇款等。每万元结算类交易金额可获得 200 星点值。

笔者附上各星级单项指标值，如表 5-1 所示，指标定义参考《中国工商银行个人客户星级评定与服务管理方法》。

表 5-1　各星级单项指标值

单位：万元

客户星级	评价指标							
	金融资产(半年日均余额)		个人负债(半年日均余额)			中间业务(半年累计交易金额)		
	短期类资产	中长期类资产	个人住房按揭贷款	其他个人贷款	计息卡透支	投资理财类交易	卡消费交易	结算类交易
七星级客户	600 以上	800 以上	800 以上	400 以上	400 以上	400 以上	200 以上	400 以上
六星级客户	75～600	100～800	100～800	50～400	50～400	50～400	25～200	50～400
五星级客户	15～75	20～100	20～100	10～50	10～50	10～50	5～25	10～50
四星级客户	4～15	5～20	5～20	2.5～10	2.5～10	2.5～10	1.25～5	2.5～10
三星级客户	0.4～4	0.5～5	0.5～5	0.25～2.5	0.25～2.5	0.25～2.5	0.125～1.25	0.25～2.5
准星级客户	0～0.4	0～0.5	0～0.5	0～0.25	0～0.25	0～0.25	0～0.125	0～0.25

8. 如何提高星级

刷七星主要有以下 3 种"工具"。

资金：5 万元起步，买理财。

方式：工商银行步步为赢理财产品。

软件：购买理财的平台——工商银行融 e 联；交易消息通知软件——中国工商银行。

如果你在工商银行刷了 1 万元(一进一出)就有 200 星点值，也就是说七星的 8 万点需要刷 400 万元流水。

如何算一次完整的"流水"呢？用步步为赢，今天购买→明天确定→明天赎回→后天到账，3 天一个轮回。在这一买一卖的过程中，理财产品在交易过程中也有 3% 左右年化收益，10 万元一天大概有 9 元左右的无风险收益。

9. 刷星(提高客户等级)的具体操作步骤

(1) 购买渠道：中国工商银行 App，具体操作步骤如下。

步骤 01 用户下载中国工商银行 App，进入首页，点击"投资理财"按钮，如图 5-2 所示。

步骤 02 点击"投资理财"页面左上角的"理财"按钮，如图 5-3 所示。

图 5-2 中国工商银行官网首页

图 5-3 "投资理财"页面

步骤 03 跳转至"理财"页面，在搜索框内输入"步步为赢"，点击"搜索"按钮，如图 5-4 所示。

步骤 04 根据你的资金情况选择购买即可，如图 5-5 所示。

图 5-4 搜索"步步为赢"

图 5-5 购买资金

（2）购买方式：假如 1 日用 10 万元的资金买了步步为赢 1 号(10 万元起步)，2 日确认购买，2 日再卖出理财，3 日继续买理财；也就是 1、2、3 日为 10 万元的一进一出。

为此，400 万元流水，需要用 10 万元的资金刷 40 次，大概 120 天不到。如果你有 20 万元，减半刷 60 天不到。50 万元，则刷 20 天左右。在交易过程中也有 3% 左右年化收益，大家可以根据自身情况选择怎么刷。

每月 6 日是工商银行星级的更新时间，大家可以登录中国工商银行 App 中"我的"的欢迎页查看自己的星级变化。

5.4 各家银行兑换里程详细教程

大多数已经使用了很多年信用卡的普通消费者实际上并不清楚自己信用卡积累的积分到底值多少钱，兑换什么礼品的性价比最高，怎么刷卡用卡才能让自己快速积累信用卡积分。

不少持卡人是在积分商城上换了一堆既不值钱又不实用的东西带回家，甚至还有人连自己的积分过期了都不知道。而在信用卡大神的眼中，信用卡积分=用卡的回报率=人民币。简而言之，积分就是钱，为避免卡友的积分躺在账户中等过期，抑或是换些不值钱的锅碗瓢盆，笔者向大家介绍一种能够使积分价值最大化变现的方式。

各家银行积分价值最大化变现的方式，毫无疑问是兑换里程。因此本节笔者为大家整理了各家银行积分兑换里程的操作步骤。

在兑换里程之前,首先要申请各家航空公司的会员,这是没有门槛的。最简单的申请方法就是直接登录各家航空公司官网,填入手机号、身份证号、名字等信息注册成为会员。

另一种方法是在机场各家航空公司柜台填表申请或者打电话申请,但官网注册是最简单快捷的方法。有了航空公司会员之后,就可以将银行积分兑换成航空里程了。以下为各家银行积分兑换里程的操作步骤。

1. 农业银行

步骤01 用户进入中国农业银行的官网首页,在"个人服务"栏中单击"信用卡"按钮,如图5-6所示。

图5-6 中国农业银行官网首页

步骤02 进入农业银行的信用卡页面,单击"积分换礼"按钮,如图5-7所示。

图5-7 中国农业银行信用卡页面

步骤 03 进入"积分换礼"界面,单击"航空里程"按钮,如图 5-8 所示。

图 5-8 中国农业银行"积分换礼"界面

步骤 04 如图 5-9 所示,我们可以看到农业银行具体的兑换航空里程页面。

图 5-9 中国农业银行兑换航空里程页面

农业银行积分可兑换国航、南航、东航、海航、厦航、吉祥航空等航空公司里程,根据卡种的不同,兑换的比例也不一样。

2. 工商银行

工商银行只有凤凰知音牡丹卡、南航明珠牡丹卡、东航工银联名卡、牡丹海航信用卡 4 种航空公司联名卡可兑换对应的航空里程,消费积分自动兑换,无须操作。其他卡片无法兑换里程。

3. 建设银行

步骤 01 用户进入中国建设银行的官网界面，单击"积分兑换"按钮，如图 5-10 所示。

图 5-10 中国建设银行官网界面

步骤 02 在里程兑换页面右上角的搜索框内输入"航空里程"，单击"搜索"按钮，即可找到里程类商品，如图 5-11 所示。

图 5-11 里程兑换页面

4. 中国银行

步骤 01 打开缤纷生活 App，点击"精选"按钮，如图 5-12 所示。

步骤 02 在"积分兑换"页面点击"积分商品"按钮,如图 5-13 所示。

图 5-12 缤纷生活页面

图 5-13 "积分兑换"页面

步骤 03 在搜索框内输入"里程",如图 5-14 所示,跳转至"里程"页面,点击对应的里程兑换即可,如图 5-15 所示。

图 5-14 "商品类型"页面

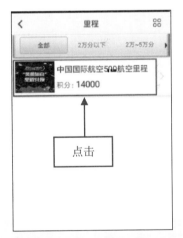

图 5-15 "里程"页面

5. 招商银行

拨打招商银行 24 小时白金贵宾卡服务热线:400-8885-555,告知需要兑换的里程及相关信息即可。

6. 交通银行

步骤01 打开买单吧App，点击"白金专区"按钮，如图5-16所示。

步骤02 在"白金权益"页面中点击"积分兑换里程特权"按钮，即可兑换里程，如图5-17所示。

图5-16 积分兑换页面

图5-17 "白金权益"页面

7. 中信银行

步骤01 打开动卡空间App，点击"友鱼"按钮，如图5-18所示。

步骤02 在搜索框中输入"航空里程"，即可根据自身情况按照提示兑换里程，如图5-19所示。

图5-18 动卡空间App首页

图5-19 兑换航空里程页面

8. 浦发银行

步骤01 关注"浦发银行信用卡"微信公众号,如图 5-20 所示。

步骤02 在公众号中回复"全能积分",打开"全能积分"页面,点击"多想飞"按钮,如图 5-21 所示。

图 5-20 "浦发银行信用卡"公众号首页

图 5-21 "全能积分"页面

步骤03 在"多想飞"页面中点击"里程兑换"按钮即可兑换里程,如图 5-22 所示。

图 5-22 "多想飞"页面

9. 民生银行

打开民生银行的官网，找到"信用卡"页面，单击"积分专区"按钮，再单击"航空里程"按钮即可，如图 5-23 所示。

图 5-23 "积分专区"按钮

10. 广发银行

步骤01 打开广发银行的官网，找到"信用卡"页面，单击"积分专区"按钮，如图 5-24 所示。

图 5-24 "信用卡"页面

步骤02 在"增值服务专区"板块内即可兑换里程，如图 5-25 所示。

图 5-25 "增值服务专区"板块

5.5 关于信用卡的 3 个专项服务

申请信用卡时，我们总会问："我能享受哪些权益？"可实际上，多数持卡人拿到卡片后，对自己享有的权益并不了解。不同的信用卡在很多持卡人眼中并无差别，信用卡附带的增值服务往往容易被忽视。如果仅仅作为一种支付工具，那么信用卡的作用可就大打折扣了。赶紧了解一下你的信用卡能提供哪些特殊服务吧！

1. 针对女性的服务

女性喜爱购物，其消费能力不可小觑。为了吸引信用卡的这一主力人群来办卡，各大银行纷纷推出卡面亮丽、外形时尚，以及在购物、美容、积分、保险等方面有赠送或诸多优惠的女性信用卡。不少信用卡所提供的增值服务就是直接针对女性的，其中有代表性的包括 3 种，具体如图 5-26 所示。

中信魔力白金信用卡
- 发行银行：中信银行。
- 优惠服务：国内 14 个城市机场贵宾登机服务，包括免费休息室、免费杂志和专用安检通道特权；免费瑜伽练习服务。
- 特色服务：10 万元 5 大重症保险；亲子共享。

民生女人花信用卡
- 发行银行：民生银行。
- 主要特色：每周四为女人花日，女人花信用卡消费可双倍积分；在规定时间内，申办女人花信用卡开卡后消费一笔即免工本费；可在涵盖服饰、珠宝、美容、美体等领域的女人花专属商户享受优惠。

广发真情女性信用卡
- 发行银行：广东发展银行。
- 主要特色：针对客户的不同需求提供 4 项保险计划：女性健康保险、重大疾病保险、旅游意外保险、购物保障保险，女性持卡人可以任选其中之一。

图 5-26 女性信用卡的针对服务

2. 信用卡消费抽奖

信用卡消费抽奖是银行常用的营销手段。例如，中国银行举办过一场抽奖活动。活动期间，浙江省内(除宁波外)信用卡持卡人(含中银卡、长城卡)持中国银行信用卡消费单笔金额满 199 元，即可参加摇摇乐抽奖，具体内容如图 5-27 所示。

活动内容	持中国银行信用卡消费单笔金额满 199 元，即可登录网站进行自助抽奖，赢取丰厚奖品，单卡单月限抽 10 次。
领奖方式	抽中奖品，实物类均于次月按指定地址邮寄，电子礼券类由系统即时发送短信至持卡人预留手机号中。

图 5-27　信用卡消费抽奖活动

3. 短信贴心提醒

持卡人使用信用卡刷卡消费时常常会收到银行发来的提示短信，银行的这些贴心服务是持卡人喜欢使用信用卡的一个原因，同时也是银行通过细致的服务来争取客户资源的关键。没有短信通知，持卡人的心里会不踏实，还会担心如果有人盗刷了自己的信用卡，自己都不知道。此外，如果没有账单到期还款通知，错过最后还款日就会产生不良的信用记录，以后申请购房贷款都会有困难。

目前，多家银行信用卡都对免费短信通知设置了一定的门槛，持卡人只要达到该门槛即可免收短信通知服务费。如有银行规定，信用卡消费金额 500 元(含)以上的，不收短信通知费；反之，则收取一定的费用。也有银行以 300 元或 200 元作为消费金额的临界点，不足的要收取 3 元/月或 2 元/月的短信通知费。

不过，目前工商银行、农业银行、中国银行、招商银行等仍执行零门槛，信用卡持卡人开通短信提醒不收任何费用。

其实，持卡人也可以将信用卡与微信账号绑定，通过银行的官方微信服务账号进行账单查询、额度查询、积分查询等业务。还可以通过各家银行的手机银行客户端进行查询，也十分方便，而且只需要花费信息流量，并不需要其他费用。

5.6　关于信用卡的 6 项增值服务

随着信用卡市场竞争的激烈，银行发行的信用卡除了具备购物消费、透支取现、转账结算、代缴费用等基本功能外，还额外具备一些增值服务，如海外平安险、加油打折、免费洗车等附加服务，让持卡人出行无忧，享受尊贵服务。

1. 免费停车功能

买车还是坐公交，这对准车主来说是一个大问题。挤公交的人想买车、买了车怕堵车、回到家难停车……这一连串的问题都在考验着购车者的心理承受能力。

有车族成为商场消费主力，如何吸引这批客户也成为商家动脑筋的内容。为了避免收停车费影响到客流量，一些商场在停车方面推出优惠活动。家乐福深圳公司已经推出"车主卡"这项内容，持卡人可以在全市各家门店免费停车。

另外，光大银行也推出了刷信用卡免费停车的活动。活动期间，持光大银行信用卡至相应购物广场单笔消费满 268 元可享受购物当天 3 小时内免费停车一次，每天数量有限，送完即止。

2. 酒后代驾服务

酒后找代驾，除宾馆和专职司机可代劳外，有的银行也对部分信用卡持卡人推出了这项服务。

据悉，交通银行白金卡、农业银行悠然白金卡、上海银行畅行信用卡、兴业银行金卡信用卡、平安银行信用卡等都提供酒后代驾服务，同时提供的还有车辆养护、道路救援、全程理赔等车辆服务。酒后代驾其实是信用卡增值服务中体现对持卡人关爱的项目，觥筹交错后无法开车时，持卡人不要忘了信用卡的这一权益。

例如，上海银行畅行卡的持卡人可在上海、北京、宁波、杭州、南京、无锡、苏州、成都、深圳共 9 个城市的指定范围内享受该服务，一年 6 次。

农业银行悠然白金卡持卡人刷卡达到一定标准，就可以用 666 积分兑换一年期的酒后代驾服务，一年 5 次，限前 3 万名客户。该服务在全国 40 多个城市通用，仅限持卡人本人使用，同时，还可获赠农业银行的多项增值服务。

实际上，真正提供这一服务的并不是银行或信用卡中心，而是专业的汽车服务公司。因此，相关的服务条款相当于持卡人与服务公司之间的协议，持卡人应注意其中的细节规定。

注意，当持卡人确定预约酒后代驾服务后，就不能无故取消，若有特殊情况需要取消，必须按规定提前致电，否则仍会视为权益被使用。另外，持卡人必须准时到达预约地点，一旦代驾人员等待超过一定时间，可自行离开，尽管没有享受到代驾服务，也视为已使用。此外，代驾服务往往只在出发地、目的地两点之间完成，中途不停靠，若持卡人要求停靠，则视为服务结束，再次出发视为第二次服务。

3. 免费洗车服务

龙卡汽车卡是中国建设银行面向有车族发行的标准信用卡，该卡具有每周一次免费洗车、免费代办年检年审、免费紧急施救、加油优惠、百万保险馈赠等贴心服务，如图 5-28 所示。

图 5-28 龙卡汽车卡

免费洗车是龙卡汽车卡长期开展的一项增值服务,但免费的次数根据具体情况在不同时期会有所调整。

4. 境外旅行保险

大部分卡友出国旅游,通常都是人生地不熟的,遇到事情也不知道该怎么办。通常,出国前大家都会给自己购买好附带境外紧急救援服务的境外旅行保险,并牢记救援电话以备不时之需。如今,只需一张信用卡,即可享受这些增值服务。

例如,中国建设银行与全球著名救援机构国际 SOS 合作,为建设银行白金信用卡持卡人提供全国 24 小时免费汽车道路救援服务,具体如图 5-29 所示。

道路救援服务	全年不限次数免费半径 100 公里汽车道路救援服务。持卡人的汽车如发生故障不能继续行驶,国际 SOS 会协助安排将车辆拖至最近的汽车生产厂商授权的维修商、国际 SOS 服务网络中的车辆修理厂商或持卡人指定的维修商处修理。
紧急燃油服务	持卡人的汽车在行驶途中如发生燃油耗尽的情况,国际 SOS 将尽最大努力协助安排紧急送油。
维修养护服务	国际 SOS 可协助持卡人安排在国际 SOS 网络内的车辆修理厂,为汽车提供维修、维护、零部件更换、保养、汽车美容等服务。

图 5-29 信用卡道路救援服务

如果路边快修不可行,国际 SOS 会负责将车辆拖至 100 千米范围以内的服务地点。此项服务为每年不限次数的免费紧急拖车服务,但不包括高速公路、隧道、大桥、高架道路和其他交通部门或其他部门规定限制第三方道路救援活动的路段以及在这些路段产生的任何费用。此外,国际 SOS 还对持卡人提供以下服务,如图 5-30 所示。

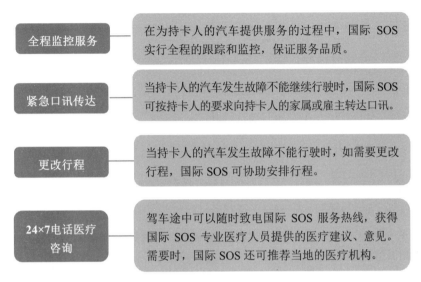

图 5-30 国际 SOS 对持卡人提供的服务

5. 享受机场贵宾服务

想要专门服务人员为你办理登机手续吗?想要享受机场贵宾厅服务吗?如今,只要有一张小小的信用卡,即可享受机场贵宾服务。

兴业银行在北京、上海、广州、深圳、杭州、南京、济南、福州、厦门、西安、天津、武汉、泉州、长沙、成都、青岛、乌鲁木齐、沈阳、重庆、合肥、南宁、呼和浩特、太原、郑州、宁波、石家庄、昆明、南昌 28 个中心城市的 29 个机场开通了国内航班出港机场贵宾服务,全国其他主要机场贵宾服务将陆续开通。

机场贵宾服务包括贵宾厅候机、专检通道、精美茶点、专人代办登机手续、代办行李托运和其他配套服务这几项内容。

另外,银行一般会将办理了白金卡的用户直接列为 VIP 客户,为他们提供机场以及本银行的 VIP 服务。持卡人可以在机场候机时进入 VIP 候机厅,享受免费服务及专门的登机通道,还可以在本银行的营业大厅办理业务时,不用排队,直接办理。

例如,持招商银行白金卡级别的信用卡可免费使用境内 65 个城市机场的贵宾候机厅,一年内可免费使用 6 次(含国际及国内贵宾厅)。如果使用次数超过 6 次,超出部分还可以使用 300 积分进行兑换。同时,白金信用卡持卡人还可携带一位同行的嘉宾共同享受机场贵宾厅服务,嘉宾使用贵宾厅的次数计入持卡人全年免费使用次数。

需要注意的是，有些城市的机场贵宾厅需要提前预约，持卡人应提前到达，以便机场处理相关登记手续。如果持卡人手中持有多家银行的白金卡，可以致电发卡行，询问是否提供免费的机场贵宾厅使用权。

6. 免费保险服务

消费者办理信用卡时，可能并不了解该卡的增值服务。如果持卡人仔细研究一下说明书，或者上网查阅该银行信用卡的相关资料，可获得不少意外惊喜。

因韩亚航空失事事件，交通保障引起人们的关注。事实上，各大银行的信用卡一般都提供交通意外保险、旅行意外保险，也有些信用卡附加特色保险服务。

据悉，中信银行联合可口可乐公司推出的一种信用卡具备赠送保险的增值服务，而且其保险品类多为商旅人士所需要的。比如，持卡人乘坐飞机、轮船、火车或汽车这些定时定点的营运交通工具，只要以该信用卡支付上述交通工具的票款，或者支付80%及以上的旅游团费，就可免费获得高额意外保险，其保险金额高达50万元人民币，且同行的配偶及子女都可以享受到这一保障。

需要注意的是，持卡人应在责任事故发生后10日内通知保险公司，未及时通知致使保险事故的性质、原因、损失程度等难以确定的，保险公司对无法确定的部分，不承担给付保险金的责任。

很多细心的持卡人会发现，信用卡所赠的保险通常以意外险为主，如人身意外险、航空意外险和旅游交通意外险等。这是因为这类产品价格比较便宜，有利于银行控制信用卡成本；意外险投保手续简单，理赔界定容易，保险公司容易操作。事实上，意外险保费低、保额高，消费者自行购买并不昂贵，而且银行通常以团险的方式购买，费用非常低廉。

由于信用卡赠送的保险期限短、范围窄，持卡人只能被动接受，无法自主搭配组合，也就很难做到量体裁衣。因此，即便有了信用卡赠送的保险，持卡人外出时也需要搭配其他险种。

5.7 白捡各大视频会员的方式

只要会玩信用卡，无论什么视频的VIP都是不用花钱的，本节笔者便为大家汇总了各大视频App白捡视频会员的方法。

1. 腾讯视频

笔者了解到的腾讯视频网站的联名卡有5家：中国银行、招商银行、平安银行、浦发银行和光大银行。光大银行是新户首刷送3个月腾讯视频会员。中国银行的腾讯视频联名卡已经没有免费兑换VIP的活动了，并且也没有太多实质的权益，笔者在此不多介绍。除此之外，还有招商银行的腾讯视频 VIP 联名卡。

1）浦发银行腾讯视频联名卡

浦发这张卡在官网上的权益介绍非常简单：白金卡免年费；消费送最高 4888 元红包；5 折美食天天享。图 5-31 所示为浦发腾讯视频联名卡卡面。

虽然没有任何赠送视频会员的说明，但在 2018 年推出此卡时有一项"赠送最长 24 个月会员"的权益，具体是否有续需询问浦发官方。其他赠送条件如下。

图 5-31 浦发银行腾讯视频联名卡

- 激活消费赠 3 个月会员：申请并获卡的新户，激活卡片并任意消费一次，次月可获赠 3 个月的腾讯视频会员。
- 合格消费赠最高 9 个月会员：新户每月合格消费 3 笔，次月即可获赠 1 个月腾讯视频会员，最多可获赠 9 个月。
- 订购酒店赠 6 个月会员：成功订购逸游族或悦游族酒店住宿权益的新户，次月可获赠 6 个月的会员权益。
- 消费满额赠 6 个月会员：新老持卡人，当月消费金额满 10000 元，次月可获赠 6 个月腾讯视频会员。

2）平安银行腾讯视频联名卡

此卡分为金卡和白金卡两款，卡面如图 5-32 所示。金卡：主卡 300 元/年，免首年年费，刷卡 6 次免次年年费。白金卡：主卡 600 元/年，核卡 3 个月内消费满 8800 元免首年年费，消费满 12 万元免次年年费。

图 5-32 平安银行腾讯视频联名卡

- 全年腾讯视频 VIP 会员：成功申卡首刷后，即可免费获赠 3 个月腾讯视频 VIP 会员，每月消费满 3 笔 188 元可于次月获赠 1 个月 VIP 会员。
- 网络消费盗刷险保障：在网络消费时(不含 POS 机实体刷卡交易)被他人盗

- 刷、盗用、复制等赔偿金额 1 万元。
- 航班延误定额赔付：使用腾讯视频联名卡白金卡购票并实际出行，航班延误 2 小时可定额赔付 800 元/次，全年不限次。
- 高额综合交通意外保障：首刷即享最高 1000 万元综合交通意外保障。

2. 优酷视频

优酷视频网站的联名卡有 6 家：中信银行、华夏银行、交通银行、兴业银行、光大银行和招商银行。其中，交通银行购买优酷会员得 60 元刷卡金；兴业银行条件达标后送 7 天优酷 VIP 会员；招商银行开卡领取 2 个月优酷会员；光大银行金卡能领取季度优酷视频会员，白金卡则可领取年度优酷视频会员。但随着银行政策的变更可能会有一些区别，大家以官网为准，笔者在此不多说了。下面为大家推荐几种卡片。

1) 中信银行优酷联名卡金卡

此卡年费 200 元，开卡当月刷卡消费或取现 1 次免首年年费；消费或取现 5 次免次年年费。其卡面如图 5-33 所示。

图 5-33　中信银行优酷联名卡金卡

办卡领半年优酷会员：办卡的新户在 60 天内任意计积分的消费 1 笔(含取现)，可领取 6 个月优酷 VIP 会员(分为两张季卡)。

月刷卡领优酷会员：新客户每月累积 3 笔任意金额消费，可领取 1 个月优酷会员(最多可领 6 个月，会员资格时间可叠加)。

2) 华夏银行优酷联名信用卡

此卡首年免年费，消费 5 笔免次年年费。除了办卡送优酷会员之外，还有其他精彩权益：在屈臣氏刷 158 元立减 58 元；在 12306 购票满 99 元立减 40 元；在好利来消费满 20 元立减 10 元。其卡面如图 5-34 所示。

送 6 个月优酷 VIP 会员：申请并激活卡片 60 天内，新客户绑定支付宝并任意消费满 5 笔，即可获赠 6 个月优酷 VIP 会员；新户激活后次月起连续交易满 3 个月，每月刷满 8 笔 88 元交易，再获赠 6 个月优酷 VIP 会员。

图 5-34 华夏银行优酷联名信用卡

3. 爱奇艺视频

爱奇艺的银行联名卡非常多,比如工商银行、农业银行、平安银行、广发银行、招商银行、光大银行、中信银行、浦发银行等。笔者推荐几个流行的卡片。

1) 工商银行 World 爱奇艺信用卡

该信用卡有银联和万事达两款,首年免年费,消费 5 笔或 5000 元免次年年费,万事达卡的境外权益还不错。其卡面如图 5-35 所示。

图 5-35 工商银行 World 爱奇艺信用卡

3 个月爱奇艺 VIP 会员:通过网络渠道申卡的新客户,30 天内任意绑卡消费一笔免费领取 3 个月爱奇艺 VIP 会员。爱奇艺热门剧集放送期间,近半年内每月均有用卡消费的持卡人额外赠送 3 个月爱奇艺 VIP 会员。

2) 农业银行爱奇艺联名信用卡

该信用卡有银联和万事达两款,年费 580 元,首年免年费,刷卡满 12 次免次年年费。

半年爱奇艺 VIP 会员：活动期间，成功申卡的新客户，激活联名卡并任意消费一笔，可登录农业银行掌银领取爱奇艺 VIP 黄金会员半年卡 1 张，限前 18888 个名额。

3）广发银行爱奇艺信用卡

该信用卡金卡 80 元/年年费，普卡 40 元/年年费，免首年年费，刷卡消费满 6 次免次年年费。每月消费达 199 元以上计积分的消费达 3 笔，次月即可在发现精彩 App 上免费领取一份爱奇艺黄金 VIP 会员月卡。

4）中信银行爱奇艺联名卡

该信用卡年费为 200 元，当月刷 1 次免首年年费，刷卡 5 次免次年年费。新户可领 3 个月爱奇艺黄金 VIP 会员。

以上笔者只介绍了 3 大常用视频网站，除此之外还有搜狐联名卡、芒果 TV 联名卡，以及交通银行 B 站联名卡等。即使不是联名卡，不少银行也推出一些赠送视频会员的活动，这里不再赘述。

第 6 章

信用卡提额的这些秘诀，你可能不知道

学前提示　关于信用卡提额，每一个信用卡持卡人都会有一定的了解。很多人认为信用卡提额很困难，其实不然，只要掌握了相应的技巧，信用卡提额会变得很简单。本章为大家详细介绍关于信用卡提额的各种方法和技巧。

要点展示

- 申请提额有 7 大重要条件
- 各家银行信用卡提额技巧
- 16 家银行的信用卡 "隐藏额度"，最高达到 865 万元
- 如何把临时额度转为固定额度？
- 永久提高信用卡额度的捷径
- 如何快速提额——精养卡的秘诀
- 牢记用卡细节，避免失信

6.1 申请提额有 7 大重要条件

首次申请信用卡时获得的信用额度,主要是根据申请信用卡时所填写的资料和提供的相关证明文件,综合评分条件而得。

笔者公司有两位年轻的同事黄某和李某,平时关系不错,工作生活上互相帮助鼓励,最近又都申请了同一家银行的信用卡,不久两人相继收到卡片,相互比较了一下。李某发现自己的信用额度只有 8000 元,而黄某的信用额度却有 1 万元,相差虽然不大,但李某心里有点不平衡,想想彼此收入接近,为何银行会区别对待呢?

笔者来告诉大家答案。信用额度是指发卡行根据持卡人的资信,在指定期限内给予持卡人最高可使用的金额。虽然申请人的资料可能类似,但仍会因年龄、学历、经历、消费潜力、经济状况、申请卡种、信用记录等方面的差异,得出不同的评分,信用额度也会有所差别,这并不一定说明持卡人的资质有高低。

另外,李某现在所获得的只是初始额度,如果觉得卡片额度不够用,一般可在卡片启用 6 个月后,拨打银行的客服热线,申请调高额度,信用卡中心会根据持卡人的消费和还款情况,做适当调整。

李某需要认识到的是,资信状况可点滴积累,只要自己正确用卡,按时还款,珍视自己的信用记录,就可以适时申提额度。笔者为大家总结了以下 7 种申请提额的重要条件。

1. 婚姻状况

通常情况下,已婚且夫妻关系好的客户,会比单身者更具有经济稳定性,申请提升额度时更能得到银行的青睐。

部分银行的模拟评审系统中,在其他条件不变的情况下,已婚人士可以获得比未婚人士高一个级别的信用,原因是有家庭的人经济上更加稳定可靠。

2. 技术职称

技术职称是指根据评审条件应达到水平的要求,通过笔试的形式对专业技术人员的专业程度进行检验,而考试成绩则是衡量专业技术人员水平的重要部分。

对银行来说,技术职称是客户工作能力的见证。相对来说,工程师、经济师、会计师、教师、律师等职业的借款人,更能受到银行的垂青,信用卡的额度提升也会更快。

3. 工作状况

好的工作状态能帮助你在生活与工作之间进行调节,让你拥有一个好的心理状态,在保持生理与心理健康的同时,有效地提高工作效率。

稳定性较高的行业从业人员也可以为信用卡额度加分。比如,公务员、医生、电力系统等行业从业者,他们具有较强的消费能力,更容易受到银行的喜爱,银行也会根据工作的级别和年限提高信用等级。

4. 信用记录

现在各银行的信用记录都有联网,如果信用卡使用人过去在银行开有账户,且经常有资金进出,其信用记录上就会反映出过去存款的积数。那么,当客户出现罚息等不良记录情况时,银行通常会酌情考虑信用卡提额问题;相反,信用记录良好,银行也会酌情考虑给予加分,从而可顺利提额。

近日,笔者的好友张先生碰到了一件烦心事,他被告知刚刚申请的信用卡提额办不出来,原因是他在银行系统上有一笔"不良信用记录"。

张先生在与笔者交流中,回想了一下自己手头的还款记录都很正常,突然记起来,两年前他曾经把一张信用卡借给朋友用,那里面并没有钱,但是有一万元的透支额度。

这张信用卡出现不良信用记录的原因,是那个朋友从卡里透支了 5000 元,但是逾期未还,经过核对,这已经是这位朋友第二次出现未能及时还款的情况,一次逾期2 天,一次逾期 6 天,最终导致张先生背上了"不良信用记录"。

笔者咨询了在银行工作的朋友,了解到目前所有银行的信用记录信息都会汇总到中国人民银行,因此持卡人在任何一家银行留下的"不良信用记录"都会被其他银行查询到,进而影响其他银行信用卡的申领或者额度提升。

"不良信用记录"是不会消除的,只能建议张先生对手头正在使用的信用卡以及房贷都保持正常还款,同时对朋友手中那张造成不良信用的卡及时还款,并用按时还款的良好信用来覆盖,如果信誉情况良好的话,虽然该记录还存在,但是最快在半年之后张先生在银行系统内的"不良信用记录"就会从"关注"变成"正常"。

5. 经济能力

单位的个人收入证明是一个有力的证据,能表明持卡人的收入预期和收入是否稳定等情况。如果你的个人收入证明可以体现收入稳定、收入增长有长远性展望等特点,那么肯定能得到比较高的评级,对提额自然有利。以下 3 个方面可以体现出持卡人的经济能力。

1) 拥有自己的固定资产

如果你的名下有房产或者汽车,可以携带房产证、行驶证复印件及个人身份证前往银行办理申请手续,这种情况申请提升信用卡额度非常简单,通过率也很高。因为每个银行都可以通过个人信用数据库查询到个人名下的固定资产。但需要注意的是,房产、汽车必须在你本人名下，在父母或者配偶名下无助于申请信用卡。

2）有稳定的收入来源

如果你的名下既没有固定资产，也没有大额储蓄，但是有稳定的收入来源，也可以到和你发生交易的银行调取银行流水证明，以此向银行提出申请。如果你的收入来源比较稳定，申请提升信用卡额度的成功率还是很高的。

3）在银行有大额储蓄

如果你没有固定资产，但有银行大额储蓄，则可以携带存折和身份证到银行网点和大堂经理沟通。一般情况下，只要你有银行大额储蓄，申请提升本行的信用卡额度很容易获得通过。

6. 学历高低

在银行的提额规定中，高中文化程度和大学本科文化程度两者的信用评级没有变化。但是，对于拥有更高学历和更低学历的客户来说，就会影响其分数，不过差别不会太大。例如，研究生以上学历的评级会比大学本科学历高一点，获得的信用卡额度自然也要高一些。

7. 拥有他行信用卡

通常情况下，拥有其他银行信用卡的客户，都是比较受各大银行欢迎的。如果你已有一张某银行的信用卡，那么表示你已经通过了这家银行的信用审核，再申领或者提额时其他银行也会对你比较放心。

6.2　各家银行信用卡提额技巧

信用卡就像手上的流动资金，尤其对于国内信用卡来说，额度比积分更重要，因为国内信用卡的积分确实不值钱。手上有流动资金，远比捞积分更重要。

在中国银行、农业银行、工商银行、建设银行、交通银行五大行里，目前提额空间最大的是农业银行，基本可以做到半年稳步一提。

建行曾经也是一个易于提额的银行，但是自从改了规则后，就不接受主动申请提额了；工商银行和中国银行申请提额是出了名的难。这主要受授信政策紧缩以及风控的影响，所以各大行都在严格控制授信肆意增长所带来的自身经营危机以及所引发的社会问题，因此提额难度不言而喻。

1. 广发银行

广发银行的提额是自助的，它的提额手段属于玩信用卡入门的手段。很简单，刷到额度的 80%~90%，等出了账单，全额还款，再申请提额即可。一般只要用卡时间超过半年，3 个月便可以自助申请提额一次。

2. 招商银行

招商银行是一个很灵活而且足够智能的银行，常规的用卡习惯就能奏效，3~6 个月就可以提额一次。可以说有卡一族的小伙伴都比较喜欢招商银行，笔者也十分喜欢招商银行的信用卡。

相比于大额消费，招商银行更注重看消费次数，所以想要为招商银行信用卡提额，不妨多刷信用卡。一张信用卡如果有 1 万元的额度，每个月消费一笔 9999 元的额度，和消费 50 笔，总数达到 9999 元的差别是非常大的。除此之外，境外消费也会在很大程度上提高你申请提额的成功率。

3. 交通银行

交通银行提额的方法有多种，笔者在此总结一下，大家可以选择使用。

(1) 打电话注销卡片，客服会说你是优质客户，在 5 天之内会有专人联系你，然后过一两天，你去查额度，就会发现额度有所提高了。

(2) 冷冻你的信用卡，一般半年或者一年，额度自然会增加。

(3) 如果你的沃德财富中心达不到办理信用卡的标准，那么获得白金信用卡办卡邀请的方法是冷冻你的信用卡一段时间后，直接去境外消费，消费 1 万~2 万元即可，不需要等太久，就会收到办卡短信。

(4) 单笔消费最多不超过 1 万元，交通银行对笔数多少不是很敏感，但是对于刷什么样的商户要有准备，尽量多刷高费率行业。有条件的去交通银行的合作商户消费，比如合作超市、合作加油站、合作餐饮商户等，每月刷几笔，效果是最好的。

(5) 交通银行不喜欢分期客户，最好不要连着做分期，分期时间最好是 3~6 个月，而且不要分期太频繁，不要经常刷封低端商户，注意刷卡的多元化。

4. 中国银行

很多人认为中国银行一年只能提额一次，几乎可以忽略次数。其实中国银行的提额方式最简单，有以下两种方法可以结合使用。

(1) 申请临时额度，再申请一张新卡。其所给的新卡的永久额度是你之前信用卡的临时额度。

(2) 当上述方法失效的时候，不断地申请新卡，注销旧卡，都是提升中国银行信用卡额度的好方法。

5．中国工商银行

中国工商银行在 10 万元以下的提额方法是最简单的，只需要把工行账户刷成双六星即可。达到双六星最稳妥的方法是"买步步为赢"的理财产品，今天买，明天卖，明天卖了再买，如此反复操作，很快就达到双六星了。具体操作方法，笔者在前文提到过。

6．中国建设银行

中国建设银行喜欢小额度、多次数、实体店消费，偶尔分期，6 个月提一次，每次 50%～60%之间。普通卡和金卡一个等级，上限 10 万元封顶，溢缴款取现免费。唯一的亮点就是金卡额度 10 万元封顶。

7．中国农业银行

中国农业银行的 QQ 联名信用卡，是值得拥有的一款信用卡，因为终身免年费，农业银行提额不封顶，而且农业银行的信用卡，只要你使用，每隔一段时间申请提额，都会或多或少给你提升额度。但是在使用时尽量不要用农行的信用卡取现，否则会影响提额。

8．中信银行

中信银行的提额方式有正规方法与特殊方法之分：正规方法提额即通过大额消费提额；特殊方法提额是直接去营业网点办卡，把自己当作一个新用户，资料填写与已持有的中信银行信用卡资料一样，100%会下卡，新卡额度翻倍的概率也是 100%。

中信银行喜欢费率高的大额消费，并且需要全额还款，不常用卡反而更容易提额，或者在持卡 9 个月以上才有可能提额。

多去消费高端商户，保留 30%的额度，账单一出全额还款，这样对额度提升有一定的帮助。

9．浦发银行

有浦发银行信用卡的持卡人可以去浦发商城买东西，然后进行分期还款。浦发银行喜欢分期，不管金额多少，都可以分期，这样有利于提额。

要注意平时刷卡的类型，避免经常到同一地点消费；注意积分消费(10～20笔)，切记一定要按时还款；使用半年以上才可以申请提额，如果再次申请永久提额，需要距上次提额半年以上。

浦发银行信用卡提额，必须提升过临时额度。浦发银行信用卡一般使用 6 个月后就可以提升临时额度，而且是必出临时额度。要求是在临时额度状态时必须全部还清，3 个月后，可以进行下次临时额度的调整。

保持每月都有消费，尽量消费 10~20 笔，线上或线下都可以，如果是有积分的消费会更好，最主要的是一定要按时还款，保持良好的信用记录；如果提供房产证、收入证明等财力证明，提额的成功率也会大大增加。

总之，浦发银行的命脉在于分期，不管做多少钱的分期，只要你做，它就会给持卡人提额。

10. 民生银行

民生银行喜欢有房贷、车贷、学历高的持卡人。所以笔者推荐那些需要大额信用卡的人，办理民生银行的信用卡。

民生银行的提额技巧主要是小额多笔消费，适当分期，偶尔大额，但不要太多笔大额。多刷卡消费，刷高端商户，金额可以是几百元，也可以是几千元、几万元，境外消费时会提高临时额度。

民生银行不喜欢经常在 4S 店和五金建材批发类商铺消费的客户。加分项有：酒店消费、大额消费、单笔分期、账单分期等。

多使用临时额度，连续 3 个月有临时额度，多刷临时额度，然后就会有固定额度提额。比如：首卡使用半年以上就可以调固定额度，调完固定额度之后申请临时额度。临时额度用了 3 个月后，第 4 个月再申请固定额度。提完固定额度之后，在下个月出账单时再次全额还款，然后 3 天左右的时候再次申请调临时额度。

账单日还款后两天，马上打客服电话申请提固定额度，先申请提高临时额度，提高临时额度后马上用掉(如果不用临时额度的话，民生银行会认为你不需要提高额度，可能会导致曲线提额失败)，之后立马网申，下卡后基本就可以曲线提额成功。

11. 广发银行

广发银行的信用卡要想提额快，账单一定要丰富，消费于不同行业的商户。消费笔数不用太多，正常为 10~30 笔。在超市、服装店、饭店、汽车加油站、绑定支付宝快捷小额等，尽量多些真实消费。朋友间的 AA 制聚餐或大额购物可以提出刷自己的卡，尽量多些真实消费，特别是首提期间，一定要显示自己的消费能力。

广发银行的提额是自助的，提额手段属于玩信用卡最入门的手段，很简单，刷到所拥有额度的 80%~90%，等出了账单，全额还款，再申请提额即可。一般只要你的用卡时间大于半年，3 个月就可以自助申请提额一次。

不要连续多个月高负债，一年 2 次消费分期或者账单分期，不要做太多，其他均全额还款，让银行感觉资金是安全的。初始额度低于 1 万元时，可以适当刷爆，但是要注意负债率。

12. 平安银行

平安银行注重"量"，它喜欢用钱来放贷款，吃利息。但是只要你的平安银行信用卡用得好，平安银行会主动给你贷款，而且额度都不错。其次，平安银行是以做保险为主营业务的，所以可以入手平安保险，然后再去提平安银行信用卡的固定额度，这样做的话，提额成功率高达 95%。

如果是新手的话，可以先在平安银行走走流水，然后填好资料，申请平安银行的卡。平安银行也可以以卡办卡。用卡满半年，基本上申请提额的成功概率很高。还可以先在银行内存入一笔大额款，然后打电话给银行申请提额，等提额成功后，再将钱取出。

除此之外，还可以进行曲线提额：下载平安金管家 App，注册后登录，按照步骤和提示申请办卡。快速申请曲线额度保底为 2 万元，如果额度高于 2 万元，快速申请平安白金信用卡，起步额度为 5 万元。

13. 光大银行

光大银行的白户和以卡办卡都好办，只要准备工作做好了，白户也好下卡。光大银行提额是需要通过系统测评来调额的，主动申请反而较难批准，所以碰到光大银行提额的机会，一定不要错过。

光大银行会暂时发送持卡人封卡短信，一般在风险控制排查结束后又可正常使用。光大银行作为股份制银行，对客户的刷卡次数很看重。

临时额度是光大银行提额看重的一个点，一般是 3 个月调整一次临时额度。调整完临时额度后，一定要记住使用里面的一部分临时额度。在账单日出来之后，要求按照账单全额还款，不要做分期，因为光大银行对优质客户的定义为稳定消费的客群，它对分期不太敏感。

14. 兴业银行

兴业银行网申信用卡，要求名下至少有一张他行信用卡且使用时间满 1 年。同一人 30 天内只能申请一次，不能重复申请。一般额度在 3000~20000 元。兴业银行提额要注意多元化消费，消费笔数要多，尽量刷与银行合作的商户，或在银行比较喜欢的行业刷卡。

可以去 4S 店办理一张购车合同，这个合同费用是 1000 元，拿着这个购车合同去兴业银行柜台申请额度，一般百分百通过；申请"随兴贷"，这个"随兴贷"是在卡里有额度的情况下才可以申请的，但要注意，持空卡申请的时候，客服会拒绝。因为这个"随兴贷"是含在信用卡额度中的，所以持空卡申请不到。

如果空卡的时候想申请，可以和客服说："既然申请不到这个'随兴贷'，能不能把信用卡额度调高了再申请？"如果客服问你需要多少额度，你就按照原本额度的 3 倍来说，额度调高以后，会将资金打到客户储蓄卡里，每个月按账单额度还款即可。

15. 华夏银行

华夏银行的提额技巧也包括多金额多元化消费，刷卡消费的次数和金额以及消费商户的类型一定要多。半年内，消费金额在额度卡额度的 30%以上的用户，更受华夏银行的青睐，之后，华夏银行主动为你提额的概率会大很多。哪怕是你主动提额，通过率也会大很多。

使用华夏银行的信用卡一定要重视信用，不能有逾期，按时还款，如果有逾期的话，不但要让你交纳滞纳金和利息，还会对你的征信、对后续的办卡和贷款产生影响。

6.3　16 家银行的信用卡"隐藏额度"，最高可达 865 万元

很多卡友都觉得自己的信用卡额度不够，追求提额的卡友不计其数，上一节内容中也总结了各大银行的提额技巧。其实，信用卡还有"隐藏额度"，利用好了，"隐藏额度"可高达几百万元，而且还能进行曲线提额。

"隐藏额度"是指我们在使用信用卡的时候都会产生一定的消费记录和信用值。银行通常会根据这些信用值为比较了解的优质客户预备一些比当前信用卡授信额度还要高出几倍或十几倍的贷款。而且，这些贷款最高授信额度可达到几百万元，还不需要抵押，不需要担保，利息低，放款速度快。

由于这些贷款是与信用卡的使用相关联，所以我们把这些贷款叫"信用卡隐藏额度"。比如经常听到的中信新快现/圆梦金、浦发万用金、招行 e 招贷等，利用好了，也有可能实现曲线提额。

如果大家有需要的话，完全可以直接将这些隐藏额度调取出来使用。但是银行会严查消费贷，防止资金流入楼市，请大家在使用时遵守国家相关政策法规。

在此，笔者整理了各家银行信用卡能获得的"隐藏额度"，分享给大家。特别说明：因为持卡人用卡情况不同、自身资质有差异、银行评分不一样，所以额度、利率、期限等均因人而异。

1. 工行融 e 借：80 万元

信用卡使用记录良好的持卡人可获得工商银行无担保、无抵押、纯信用的人民币信用消费贷款。

额度：600 元起，最高 80 万元。

期限：最长 24 个月。

利率：4.5%～8%，要上信报。实时到账、网银/掌银/网点均可办理，可以提前还款，不收手续费，按实际使用天数计息。

还款方式：等额本息。

2. 农业银行随薪贷 200 万元

信用币是中国农业银行发行的无实体介质的虚拟信用卡产品，符合条件的农行信用卡客户或者其他个人客户都可申请信用币。

申请条件：农行信用卡客户、符合条件的农行个人优质客户，如房贷客户、合约客户等。

期限：最长 5 年，利率根据总行利率定价相关规定执行。

还款方式：贷款期限在一年以内(含)的，可选择会计核算系统提供的各种还本付息方式；贷款期限在一年以上的，可选择按月(季)等额本息、等额本金方式分期偿还。

3. 中国银行 e 贷 30 万元

额度：最高 30 万元。

贷款期限：贷款额度有效期为 12 个月，额度期限内借款人可循环使用该额度，日息低至万分之一点七。

使用方式：授信额度有效期内可循环使用、随借随还。贷款按照实际用款天数按日计息。

还款方式：单笔用款可以采用到期一次性还本付息、按月付息、到期还本等还款方式。

4. 建设银行快贷 30 万元

信用良好的建行个人客户，只要在建行办理业务(如信用卡、存钱、购买理财产品、国债、基金、贷款、代发工资等)，就有可能获得额度，且办理的业务越多，额度越高。

手机快贷办理步骤：登录手机银行→点击"快贷"图标→点击"申请"按钮→输入申请额度→输入短信接收的验证码确认→成功。根据提示进行操作即可。

贷款金额：1000 元～30 万元。

贷款期限：最长 1 年，可循环使用。

5. 招商银行 e 招贷 30 万元

招商银行的个人贷款最高可申请到 30 万元；贷款条件是用户必须持有招商银行的信用卡且保持良好的用卡习惯和还款记录。

招行贷款种类有很多，包括招商备用金 30 万元、e 招贷 30 万元、车主贷 30 万元、闪电贷 50 万元、招联好期贷 30 万元等。

6. 浦发银行万用金 30 万元

浦发银行的贷款分别有：小浦红贷、浦发青春贷、浦发点贷、浦发银行倍富金、浦发万用金，其中以浦发万用金最火爆，也是很容易养的，最高额度 30 万元。

浦发银行万用金通常会在新用户申请到信用卡的时候就已经为用户预备好，不过，额度通常只有信用卡固定额度的 5~7 倍，用户可以直接将这笔钱提取到自己的个人银行卡中。

7. 交通银行好享贷 5 万元

需要持续使用交通银行信用卡一年以上，没有任何不良逾期记录，且交通银行要求信用卡用户不得有分期还款的记录。

交通银行好享贷、天使贷可在买单吧 App 中直接操作完成。其中，好享贷的费率表如图 6-1 所示。

用途（适用于银联商户类别代码）	分期手续费率	交易起始金额	分期期数
消费交易： 除现金类交易和1520（房地产）以及交通银行另行指定的其他类别外的其他各类商户类别代码消费交易	0.25%/月~0.93%/月	人民币1,500元、3,000或5,000元	3、6、12、24期
现金交易： 向交行认可的持卡本人名下交行实体借记卡转账	0.45%/月~1.50%/月 0.25%/月~0.93%/月	人民币1,500元	一次性还款计划：1、2、3、4、5期（手续费一次性支付） 按月还款计划：6、12、24期

图 6-1 好享贷的费率表

8. 交通银行天使贷 30 万元

分期手续费：0.25%/月~0.93%/月。

额度：500 元~30 万元，详情可参考买单吧 App 及官网。

9. 广发银行财智金 30 万元

广发银行的信用卡用户只要连续使用信用卡满一年以上，且没有任何不良的逾期记录，并偶尔做做分期，广发银行就会先给客户提供一些临时额度，然后再将临时额度转换为固定额度。之后，广发银行就会为客户准备财智备用金。

财智备用金可供选择的期数有 3 期、6 期、12 期、18 期、24 期、30 期、36 期、48 期、60 期等(每账单月为 1 期)。每期基准手续费率为 0~1.44%。

10. 平安银行灵用金 30 万元

平安银行的这笔个人贷款的申请条件和其他银行差不多，都是需要先持有平安银行的信用卡，并且有一定的消费记录和无不良逾期记录。通常只要用户信用卡还有一定的固定额度剩余，就可以直接申请。

期限：6 期或 12 期。

平安银行的贷款种类繁多，大家可在官网上了解详情，笔者在此不再赘述。

11. 中信新快线+圆梦金 50 万元

中信银行优质信用卡用户出圆梦金过 3~5 天就会出新快现，二者的额度不共享。不是优质客户的话，即使出了新快线也是和圆梦金共享的，一般信用卡额度低于 1 万元以下，至少 6 个月左右出额度，额度为 3 万元左右的优质客户两个月就可以出额度。新快现费率如图 6-2 所示。

期限（月）	每期手续费率	总手续费率
6期	0.78%	4.68%
12期	0.77%	9.24%
24期	0.76%	18.24%
36期	0.76%	17.36%

图 6-2　新快现费率表

12. 华夏银行易达金 30 万元

分期期数：3、6、12、24、36。

月手续费率：0.75%~0.975%。

13. 民生银行通宝卡 100 万元

自动分期信用卡，额度最高 100 万元，不建议大家使用。

14. 兴业银行兴闪贷 30 万元

兴业银行的个人贷款要求比较低，只要求信用卡用户能够正常还款，没有不良逾期记录就可以申请了。而且，这笔贷款的最高额度可达到 30 万元。申领之后分期还款的账单还可以和信用卡账单一起还款，很方便。

15. 光大银行乐惠金 30 万元

光大银行的要求也是用户不得有任何不良逾期记录。而且，光大银行的这笔个人贷款额度是和信用卡固定额度成倍数关系的，也就是说，你持有的光大银行信用卡的额度越高，能拿到的个人贷款额度也就越高。

16. 邮政储蓄银行 130 万元

中邮邮享贷：最高能贷 30 万元，万元日利息最低 0.86 元，期限最长 36 个月。中邮"佳信家美"额度最高 100 万元，需要到网点办理。

以上一一汇总下来，理论最大值能够做到：工银融 e 借 80 万元+农行随薪贷 200 万元+中银 e 贷 30 万元+建行快贷 30 万元+招商银行 e 招贷 30 万元+浦发万用金 30 万元+交通好享贷 5 万元+交通天使贷 30 万元+广发财智金 30 万元+中信新快线+圆梦金 50 万元+平安灵用金 30 万元+华夏易达金 30 万元+民生通宝卡 100 万元+兴业兴闪贷 30 万元+光大乐惠金 30 万元+中邮邮享贷 30 万元+中邮佳信家美 100 万元=865 万元。

6.4 如何把临时额度转为固定额度

很多人看到有临时额度，第一个想法就是：是不是马上就要提固定额度了？怎样才能把临时额度转为固定额度呢？正常情况下，临时额度不能直接转为固定额度。

临时信用额度是银行为应急客户临时需要，在永久信用额度的基础上临时调高的信用总额度。按照银行的规定，一般临时提升的信用额度是在永久信用额度的基础上提 10%～50%不等，且有一定的有效期。有效期一般是 1～3 个月，过了这个有效期之后，就恢复原来的固定额度了。

提固定额度其实是一个周期长且辛苦的事，前文也介绍得很详细，简要概括为以下几点。

(1) 尽量多刷卡消费。
(2) 信用卡额度尽量用完。
(3) 一定不要逾期。

提额的原理大家一定要知道，你需要给银行一个印象，即经常使用信用卡消费，并且消费水平很高，还有很强的还债能力，那么你就属于优质客户。成为优质客户之后，银行在各方面就会对你有所优待。

很多人之所以临时额度到期后又提了固定额度，不是因为临时额度转为固定额度了，而是刷卡消费多了，银行自然而然给提额。提额很关键的是主动申请，不是每个银行都会给你打电话、发短信告诉你可以提额了，而是需要定期登录 App 提额，或打电话给银行客服要求提额。

那么我们应该怎么看待临时额度呢？临时额度是银行为临时需要资金的客户提供的。你消费了就证明你需要，长期消费则证明你长期需要。所以，有临时额度的时候，用就是了，只要按时还款就行。

不管临时额度还是固定额度，对于现金流玩家都是好事，但是投资需谨慎，固定额度是长期有效的，万一投资失败就会变成"卡奴"，而临时额度到期你如果还不上，当卡奴都不管用。

一定要注意的是：临时额度是有有效期的，并且只能全额还款不能分期，所以使用的时候需要格外注意。临时额度也是额度，不要客气收下吧。如果银行长期给临时额度，到期了再给，那么直接把它看成固定额度也无妨。

6.5 永久提高信用卡额度的捷径

在上节内容中我们了解了信用卡临时提额和固定提额,此外,还有部分持卡人涉及申请提高永久额度的问题,经笔者向各专业人士询问,如果信用卡持卡人想要申请提高永久额度,那么在消费过程中应该注意以下问题。

1. 各银行永久提额的周期

信用卡提额是很多持卡人关注的焦点问题,关于怎样用卡可以使手中的信用卡提额更顺利地得到审批,笔者详细咨询了各家银行,几乎所有银行客服的回答都是系统根据用卡情况确定。

诸如频繁使用、按时返款、无不良记录、消费类型多样化、少取现等,经综合分析判断来评定能否为信用卡提额。表 6-1 所示为各银行信用卡永久提额的周期表。

表 6-1　各银行信用卡提高永久额度的周期表

银　行	第一次提永久额度	再次提永久额度
中国银行	6 个月后	3 个月后
工商银行	6 个月后	6 个月后
建设银行	6 个月后	6 个月后
农业银行	6 个月后	随时
招商银行	3 个月后	3 个月后
广发银行	6 个月后	6 个月后
浦发银行	6 个月后	6 个月后
光大银行	6 个月后	6 个月后
华夏银行	6 个月后	6 个月后
深发银行	6 个月后(卡原额度>5000 元)或 8 个月后(卡原额度≤5000 元)	6 个月后
兴业银行	随时	3 个月后
民生银行	只能银行邀请	只能银行邀请
交通银行	只能银行邀请	只能银行邀请
中信银行	只能银行邀请	只能银行邀请

2. 申请提高永久额度的重要条件

个人提高信用额度一般分临时性和永久性两种。前者,当持卡人因出国旅游、装潢新居、结婚、子女赴国外读书等原因,需要使用大额资金时,只需提前打电话申请，即可调高临时额度；后者持卡人申请时，额度控制相对较严格。

信用卡授信额度不仅和银行卡类别有关，还受到很多重要因素的影响，例如：刷卡还款记录、个人需求、持卡人工作单位、综合财力等。持卡人要申请提高永久额度，必须具备以下重要条件。

(1) 金额数量尽量多，半年内消费总金额至少在额度的30%以上。
(2) 消费次数尽量多，平均每月10笔以上，达到20笔以上更易提额。
(3) 消费商户类型多，诸如商场、超市、加油站、餐饮、旅店、旅游、娱乐场所等。
(4) 批发类和购房购车等大宗消费越少，提额越容易。
(5) 网上购物、支付宝交易及取现越少，提高额度申请越容易批核。
(6) 刷卡的商户类型不能总是与所在公司的经营范围性质类似。

持卡人需要注意的是保持良好的刷卡还款记录，其他大部分条件都是"充分不必要条件"。

6.6 如何快速提额——精养卡的秘诀

精养卡就是把信用卡所有的细节都吃透，让银行对我们的用卡情况无可挑剔，提额就是水到渠成的事情了。如果有任何一个细节没有做到位，直接给持卡人带来的后果就是降额或封卡。

怎么做才能够把一张信用卡养到极致，触发银行的评分系统，判定持卡人为优质客户，从而将持卡人的信用卡额度提升3倍、5倍甚至10倍以上呢？笔者总结了以下几种方法。

1. 消费时间的多元化

我们可以想象一下，一个正常上班的白领，他一天的生活轨迹是什么样的，今天中午可能在某餐店吃饭，明天下午可能出现在某购物广场买衣服、背包、鞋子，后天晚上又可能在某酒吧或KTV狂欢。

也就是说，一个人在现实生活中的消费时间是不固定的，是没有任何规律可循的，不会出现今天的消费在下午的2点到3点，明天的消费恰巧又在下午的2点到3点这个时间段。因此，刷卡消费时间一定是多元化的，而且是不太规律的。

2. 消费金额的多元化

消费金额的多元化，也就是正常的刷卡消费金额不可能全部都是小金额的，比如几元、几十元的，也不可能全部是大金额的，比如几千元、几万元的，而是大大小小的金额都有。

小金额的消费和大金额的消费比例最好控制在 8：2，也就是 80%的消费都是小金额的，剩下的 20%偶尔消费一些大金额的，这样的消费比较合理。

消费金额的多元化还体现在有整数的消费金额，以及带小数点的消费金额，至于哪些消费应该是整数，哪些消费应该是带小数点的，读者们请接着往下看。

3. 消费商户的多元化

一个真正有消费能力的人，他消费的商户一定是多元化的，也就是大到买家具、买电器、买珠宝、订机票、住酒店、在加油站加油、去高档餐厅、洗浴中心、桑拿会所、KTV 消费，小到超市买日用品、药店买药等。只要是能刷卡的地方都尽量使用信用卡消费，这样才能体现出一个人的消费能力，从而让银行判定你为优质客户。

读者们需要注意的是，消费的商户一定要与消费金额相吻合，一个人不可能在一个咖啡店喝咖啡一次性消费几千元、几万元，也不可能在一家家具城消费几元、几十元，更不可能在一家酒吧消费一笔带小数点的金额，在一家超市消费一笔带整数的金额，这些都是不合乎常理的。

4. 消费卡种的多元化

消费卡种多元化是什么意思？大家试想一下，一家正常的、真实营业的餐厅，它的收款方式一定是多元化的，有的客户通过支付宝、微信支付买单，也有的客户直接通过现金买单，剩下的那一部分客户，便通过商户的 POS 机刷银行卡买单。

银行卡分为借记卡和信用卡两种，不是所有的客户都用信用卡买单，肯定有一小部分用户是用借记卡买单的，所以正常商家安装的 POS 机，其信用卡和借记卡的收款比例应该为 8：2 左右，也就是说，一部 POS 机刷卡应该适当地穿插 20%的借记卡消费才算比较合理。

5. 消费终端的多元化

现在市面上涌现出了各种各样的所谓养卡提额神器，他们宣称自己的机器可以做到定位全国，落地本市一机多商户。

虽然这些机器确实可以做到消费商户的多元化，但是千万不要在同一终端消费，一定要终端多元化。

6. 收单机构的多元化

关于笔者总结的前 5 点很多读者都听说过，比如现在市面上就有一种 POS 机，里面内置了一种虚拟终端号的技术，可以做到从这台 POS 机上刷的每一笔商户消费对应的终端号都是不一样的。

不得不说，这样的 POS 机的确可以做到消费时间、消费金额、消费商户以及消费终端的多元化。但它唯一的缺陷是它解决不了收单机构的多元化，也就是你这台机器再怎么变商户、变终端号，也不可能做到每一笔消费都对应不同的收单机构。

这是什么意思？我们同样可以想象一下，在真实的消费场景中，每一家不同的商户安装的 POS 机难道都是由同一家支付公司或银行下发的吗？这显然不现实。所以，终端多元化结合不同的收单机构，才能达到完美的效果。

以上是给读者们总结的一个总体思路，仅供大家参考。养卡的方法有很多，私人、中介和职业人都有不同的方法，但是目的只有一个，就是让信用卡提额。

在此笔者提醒各位读者，养卡虽然是一件有意思的事情，但是也要根据自己的实际情况合理规划资金，这样才能把信用卡用好、玩好。毕竟交易手续费是摆在那里的，只有从自己实际需求和实际情况出发，才能更快、更好地达到提额的目的。

6.7 牢记用卡细节，避免失信

除了前文中提到的几种提额技巧之外，还有一个对提升额度起到关键作用的要点，即信用记录。

除了掌握提额技巧外，用户还需注意避免信用卡失信的细节。否则，不但提升信用卡额度遥遥无期，银行很可能会拒绝你的办卡、续卡等要求。笔者在本节为大家详细介绍 6 个避免失信的小妙招。

1．别忘还信用卡欠款零头

对刚刚使用信用卡的消费者来说，似乎都对信用卡罚息没有深刻了解。但钟先生却深有体会。有一次在某家具城，钟先生刷信用卡买下了一套皮质沙发。寄来的账单显示总额为 10011 元，钟先生还款时只还了 10000 元，心想剩下的 11 元钱，就和下月的账单一起还算了。但是后来账单上出现的利息和滞纳金费用让钟先生摸不着头脑。

致电银行客服时，他才知道原来不管是欠一万元，还是只欠了剩余的 11 元钱，银行都是按账单总额来计算罚息和滞纳金的。

消费者在使用没有取消全额罚息制度的银行信用卡时，千万不能忽视未还余额，宁可多还也不要留有"未还清余款"。另外，不要超出额度消费，否则会被收取"超限费用"。下面我们来看看部分罚息与全额罚息的区别。

部分罚息是指发卡机构只对当月未还款部分计收从银行记账日起至还款日止的透支利息。其计算公式为：未还款额×日利息(0.05%/天)×记账日至还款日的天数。

全额罚息是指只要持卡人当月没有全额还款，银行就对全部透支款项从记账日起至还款日止收取每日利息，直到本息全部还清。其计算公式为：消费总金额×日利息×记账日至首次还款日的天数＋未还款额×日利息×首次还款日至二次还款日的天数。

例如，假设钟先生是在 11 月 1 日刷卡消费了 10011 元，当月无其他消费及应还款，11 月 30 日还款日当天，钟先生只还了 1 万元，剩下的 11 元是在 12 月 15 日当天才还清。

按照部分计息方式，钟先生在 12 月 15 日时必须还利息：11 元 × 0.05% × 45 = 0.2475 元。

按照全额计息法，钟先生到期应还的利息为 10000 × 0.05% × 29 + 11 × 0.05% × 16 天 = 145.088 元。

同样是欠款 11 元，采用两种不同的计息方式，利息相差了 140 多元。

2. 别忘交信用卡年费

目前，各家银行的信用卡年费标准有所不同，即便是同一个信用卡中心发行的信用卡，年费标准也会有很大出入，因此持卡人在办卡时就应该先问清楚这个"潜在成本"有多高，尽量选择容易达到年费减免条件的信用卡。

例如，银监会下发《关于进一步规范信用卡业务的通知》，明确规定：持卡人激活信用卡之前，银行不得扣收任何费用。此后，银行基本上遵守了这一规定，对未开卡的普通信用卡不再扣收年费。但持卡人一定要注意的是，银行只是对普通信用卡不激活就不收费，对于一些特殊的卡种（例如白金卡、汽车卡等），没有开卡使用照样产生年费，而且年费产生于信用卡寄达持卡人的第一个账单周期。

尽管如此，还是有很多持卡人在年费上留下了信用污点。原因是这些持卡人办了多张信用卡，开始还能关照到每张信用卡，一年都会刷上三五次，以免除年费。但时间一长，在长期的用卡中，逐渐对某一两张信用卡产生了偏好，经常固定使用这一两张信用卡，结果导致其他信用卡进入"睡眠"状态，没有刷足次数而欠年费，而年费又没有及时归还，造成不良记录。

那么，拿到这些低额度的信用卡后，持卡人要如何避免因信用卡未缴纳年费而产生滞纳金？持卡人在办理信用卡前先了解清楚，卡片的额度申请最多是多少、是属于何种币种、卡片运营商是哪家等，除此之外，持卡人还应定时致电银行客服中心，了解自己的资产情况。

最后，对于长期不使用的信用卡要进行销户。因为银行对不发生交易的卡片也会定期产生年费，并计入持卡人的应还款项。持卡人如果未按时偿还这些年费，会被银行记为"不良信用"。

笔者建议拥有多张信用卡的持卡人，用纸或电子文档记录每张信用卡的信息，包括信用卡的还款日、年费周期、已刷卡次数、信用额度等。对于有低额度信用卡的人来说，可以通过以下 3 种方式可以提高透支额度。

（1）补充详细资料。在拿到信用卡后，持卡人可主动向银行提供资产收入证明，提供的证明材料越详细,获得银行审批的信用额度可能就越高。

(2) 提高刷卡频率。持卡人在日常消费中尽量多用信用卡支付,在连续消费几个月后,可主动向银行提出申请,银行会根据持卡人的消费记录,决定是否提高其信用卡额度。

(3) 按时全额还款。应避免因还款不及时而超出免息期支付利息,否则不但不利于提升信用额度,还可能产生信用记录污点。

3. 防止信用卡盗刷

刷卡消费结账时,不要随意将信用卡交给他人,更不要让信用卡离开自己的视线,以避免信用卡信息泄露。

信用卡背面的签名栏很重要,如果发现被人盗刷,可以据此进行诉讼,如果发现签名不符,消费者可以据此追偿损失。

4. 账户绑定把握时间

很多人为了防止忘记还款,会把储蓄卡与信用卡绑定自动关联还款。但是这样做有个问题:关联交易必须在最后还款日两天前完成,因为关联功能验证成功最长需要两天,这两天内是不能还款的,如果持卡人的最后还款日刚好在这两天以内,哪怕储蓄卡里有足够的余额,也会还款失败。

在这里,还要注意重复还款的问题。有些卡友在设置了自动关联还款后,还手工还款,觉得这样是双保险,万一手工还款记错了金额,还有自动还款补救。其实,系统在自动还款的前一天生成扣款文件,如果持卡人手工还款是在最后还款日,且在自动还款之前,那么仍会产生重复还款,更重要的是,这样往往会产生溢缴款,而取回溢缴款是要收费的。

基于以上两点,持卡人一定要牢牢记住消费日、账单日和还款日这3个日期。

5. 熟悉不同的还款方式

只要我们采用最低还款方式,就会以全额为基数开始计循环利息,还款时间越迟,利息越高。第二个账单日后,开始计复利,第二次还款时间越迟,复利的计算时间也越长。

所以一旦选择最低还款方式,应该尽可能早一些还款,这样可以少交利息,最理想的是在账单日的次日还款(这样利息最少,且不计复利)。

到期还款日还款,是全额还款者才可以享受的待遇。对于最低还款者或部分还款者而言,不但不能得到免息产生的利益,反而会损失更多的利息。

6. 提额后的注意事项

当前各大超市卖场均在想方设法吸引客户消费,而银行也不甘落后。据悉,信用记录良好的客户只需要打一个电话,便可以提高国内信用额度,享受超前刷卡消费的乐趣。但你知道吗？提高信用卡额度是有讲究的，如果没有处理好，虽然临时有钱花了，但会影响以后的信用记录。所以在提额后，还有以下几个要点要牢记。

1) 临时额度是有期限的

一般是在外出、旅游时才会提高临时额度，若持卡人现有的信用额度不够时，可事先向银行申请临时调高信用额度，银行将根据持卡人的信用状况和用卡情况作出调整。

各银行对信用卡临时额度有各种巧妙的规定，如使用不当，持卡人就只能以损失资金来解决各种问题。信用卡临时额度是有期限的，到期后将自动恢复为原来的额度。

例如，建设银行信用卡和农业银行信用卡的临时额度最长使用期为 3 个月；光大银行信用卡的临时额度有效期一般为 45 天；而招商银行和兴业银行信用卡的临时额度使用期一般只有 30 天。

临时额度的有效期到期后，持卡人的信用卡授信额度将自动恢复到原来的额度。持卡人在申请了信用卡临时额度之后，一定要注意在有效期内还清临时额度，否则部分银行将会收取超限费，同时也会产生利息。

2) 临时额度分期有差异

信用卡临时额度部分不能享受分期还款的待遇。例如，招商银行信用卡在店面刷卡无法享受分期付款，刷卡之后如果想分期还款，必须通过电话申请（至少在出账单之日的前 1 天申请），如果测评（交易类型、账户已经使用情况等综合评定是否可以予以分期）通过则可享受分期还款，否则无法享受分期付款；而农业银行信用卡则无法享受分期还款。

例如，持卡人原有信用卡额度为 5000 元，通过申请，临时额度上调至 8000 元，如果刷卡消费 8000 元，分期 10 次还款，那么首次还款时至少应还 3500 元，其中 3000 元为临时额度，500 元为最低还款额，否则就要支付利息、滞纳金和超限费。

持卡人需要注意的是，信用卡的临时额度绝不是免费的午餐，如果持卡人确实自身刷卡资金额度不断提高，原来信用卡的授信额度不够用，笔者建议通过书面申请或者银行客服电话来提高信用卡本身的授信额度，而不用每次都得申请"较为烦琐"的临时额度来缓解资金压力。

3) 临时额度背后的费用

近年来，"临时提额"成了银行春节期间的一项"惯例"。在这段旅游和购物消费的黄金期，一些银行会主动为部分信用状况良好、刷卡频繁的持卡客户临时提高信用卡授信额度，增幅在 10%～50% 不等，时序为春节前后的 1～3 个月。

随着"临时提额"期间额度的上升，持卡人要注意的风险和还款事项也多了起来。持卡人在享受临时提额带来的便利时，消费更须谨慎。

临时额度不能享受循环信用。由于临时额度一般不能享受循环信用，在使用中若是超过原信用额度的超额部分，将加入到下期对账单的"最低还款额"中，须在到期还款日之前一次还清。

临时额度逾期未还会产生高额超限费。临时提额期间的欠账若是逾期未还，该部分欠款将收取5%的超限费，还有可能造成个人不良信用记录。

如今，刷卡消费环境越来越便利，对不少年轻的都市人来说，出门带一张高额度的白金卡、金卡、黑卡，比揣着几十万元现金更方便。但是，作为一种提前消费方式，持卡人应该合理规划自己的购物计划，切不可因额度提高而盲目刷卡消费。

4）小心出现高透支额

有了较高的信用额度并不意味着可以尽情挥霍，尤其是对于还款能力有限但信用额度较高的工薪阶层而言，过高的透支额可能会影响到生活品质，一旦不能及时还款，还要按照日利率万分之五计收利息，并按月计收复利。下面笔者举个例子，让大家能够更直观地感受。

李先生失业后成天无所事事，办理了很多家银行的信用卡。不到1年，李先生就欠下银行16万元。银行催收通知单接踵而至，催款电话也是一个接一个。

银行方面表示，如果李先生不立即还款就报警。李先生吓坏了，跑回家向母亲哭诉。无奈的老母亲最后决定将自己唯一的住房卖掉，拿房款还了欠款。

母亲作出这么大牺牲，却并没有让李先生有所警醒，他又开始了新一轮刷卡消费和套现。自己的信用额度用完不说，他还冒用母亲的名义申请了5张信用卡，欠款又达到10万元。

银行最终向警方报案，李先生随后被抓获。法院经审理后对该案作出判决，认为李先生使用信用卡恶意透支，数额巨大，已构成信用卡诈骗罪，决定判处他有期徒刑6年，并处罚金6万元。

第 7 章

信用很重要，善用征信才会越来越有钱

学前提示　在信用卡使用过程中，一部分卡友会因为个人的不良信用记录导致房贷利率增加，严重者甚至会遭遇拒贷。因此，卡友们要掌握征信的相关知识，学习维护自己的信用记录。

要点展示

- 了解个人信用报告
- 教你打造漂亮的征信报告
- 16 个关于个人征信报告的问题
- 新版征信报告什么样，一看便知
- 4 种查询征信报告的方法
- 如何申请征信报告的异议处理？
- 刷卡后，征信报告会如何显示？
- 逾期被银行催收手段一览及解决方式
- 信用卡逾期就会被认定为恶意透支吗？
- 信用卡逾期，7 招避免上征信

7.1 了解个人信用报告

在发达国家,个人信用记录已经成为每个人在市场经济中不可缺少的一部分。国内的个人信用记录出现速度虽然较慢,但是发展速度很快。个人信用记录是终身可用的。本节笔者便带领大家了解信用报告。

1. 6个方面,解析个人信用报告

个人信用报告是针对用户个人信息的客观记录,需要获得用户的认可才能够被提取。个人信用报告的内容主要有6个方面,如图7-1所示。

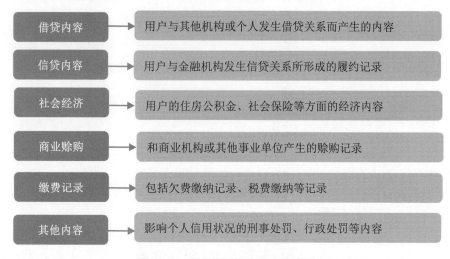

图7-1 个人信用报告的内容类型

2. 3个版本,明白个人信用报告

根据中国人民银行征信中心的信息显示,目前只有3个版本的个人信用报告。

1) 个人版

个人版是用户使用的信用报告,主要展示用户的信贷信息和公共信息,分为个人简版和个人明细版。

2) 银行版

银行版主要是为了方便银行进行查询的版本。

3) 社会版

社会版的内容是最全面的,内容包括个人执业资格记录、行政的奖励和处罚、法院诉讼记录内容、法院强制执行记录、用户的欠税记录、社会保险的记录、住房公积金记录、信用交易记录等。

7.2 教你打造漂亮的征信报告

个人信用报告就像是我们的第二张"身份证",小到办理一张信用卡,大到贷款买房、买车,银行及其他金融机构肯定会查我们的个人信用报告,所以,打造一份漂亮的信用报告是十分有必要的。接下来笔者具体来讲一下打造一份漂亮的征信报告的方式。

1. 努力提高自身资质

存款、房产、工作、公积金等都是能够证明自身优秀资质的重要信息,所以我们要尽量优化这些信息,关于这一点,在前文中已经说得很详细了,在此不再赘述。

2. 按时还款,保持良好记录

无论是信用卡,还是房贷、车贷,或是各种信用贷,一定要按时还款,保持良好的用卡记录和还款记录,不要在征信报告上留下污点,这是一切操作的大前提。

千万不要抱有侥幸心理,以为自己的信用卡逾期了几天没关系,欠了几十元钱而已,还了就行,这种想法是大错特错的。逾期不仅要收取高额的利息、违约金,更严重的是相关信息要上报央行征信。

一旦个人征信报告上产生了信用污点,那么即使花再多的钱,信用污点也是抹不掉的,而且信用污点也会对自己的征信带来不利影响。

3. 办张信用卡,告别白户

所谓白户,通常是指没有申请过任何贷款、信用卡等,在银行没有任何信用记录的用户。因为银行无法查询到你的信用是否良好、是否有过逾期等行为,所以在银行看来,你的风险自然就比较高,因此白户申请信用卡、贷款相对较难。

想要拥有一份完美的信用报告,就要在信用报告中留下良好的信用记录。最简单的方法就是办理一张信用卡,保持良好的用卡习惯,摆脱白户身份。因为相对于贷款而言,信用卡申请的门槛更低,流程也更加简单,而且不会产生利息。通过办理信用卡来摆脱信用小白的身份,是一个不错的办法。

4. 不要花信报

一般情况下,在申请贷款或者办理信用卡和贷后管理时,个人的征信报告都会被银行或者放贷机构查询,从而留下查询记录。

除此之外,自己查询征信报告,也会留下查询记录。通常银行会认为:个人有借款需求才会去查征信报告,而频繁地查询征信报告则反映你目前十分需要资金,急需用钱。查询的次数越频繁，留下的查询记录就越多。这种情况下银行或放贷机构会认为你的风险较高，对自己产生不利影响。这就是我们常说的，不要"花信报"（被银行或借贷机构查询次数过多）。

5. 不要随意查看信用卡现金分期

现在各家银行的信用卡都有各种名目的分期产品，而且广告也打得很诱人，比如"最高30万元""超低利率"等，笔者建议大家不要去相信这些广告。

当你在查询分期额度的同时，也就默认了银行有查看你个人征信报告的权利，而银行的查询记录是会被记录在个人征信报告中的，这将对你日后的申贷、申卡产生影响，也会造成前文所讲的"花信报"的效果。

6. 忌信用卡账户过多

信用卡太多是一把双刃剑，能参加各种活动，也能提高总授信，但信用卡太多也会导致总授信过高而无法提额、账户过多而"花信报"等不利因素。

以上6点便是我们在打造一份漂亮的征信报告前应注意的问题。

7.3　16个关于个人征信报告的问题

通过通读前文，相信读者们都知道了，个人信用报告相当于"经济身份证"，不仅关系到信用卡和贷款的审批，任职资格审查、员工录用时也会进行查询。

本节笔者就来和大家聊一聊有关信用报告的那些事：个人信用报告到底是什么？如何维护个人信用记录？报告出现错误时又该怎么办？以下笔者将详细解答。

1. 个人信用报告有什么内容？

基本信息：包括本人及配偶信息，涵盖个人基本状况、联系方式、教育背景、户籍地址、居住信息等。

信贷信息：信贷信息即借债还钱信息，如拥有多少个信用账号、是否有逾期还款记录等，这些是信用报告中最核心的信息。

非金融负债信息：先消费后付款形成的信息，如电信缴费等。

公共信息：如社保公积金信息、法院信息、欠税信息、行政执法信息等。

查询信息：过去两年内，何人何时因为什么原因查过您的信用报告。

2. 个人信用报告的信息来自哪里？

个人信用报告的所有信息均来自我们办理过业务的放贷机构（银行、信用社、小额贷款公司、汽车金融公司、消费金融公司等）、公用事业单位、法院和政府部门等。

3. 信用报告多久更新一次？

每天都在更新。大部分放贷机构每天都在向征信系统报送数据，所以今天发生的变化，后天可能就会出现在信用报告中了，一旦发生逾期就会上报，所以千万不能有侥幸心理。

4. 信用信息保存多久？

信息不同则时间不同。对不良信息而言，自不良行为或事件终止之日起保留 5 年；正面信息一直展示在报告中，错误信息会被立即更正。在这 5 年内，如果你认为情况特殊，可在信用报告中对不良行为作出说明，供报告使用者参考。

5. "账户数"是什么意思？

"账户数"是指你的名下分别有几个信用卡账户、几笔住房贷款、几笔其他贷款。值得注意的是，"账户数"并不等同于信用卡张数。一般情况下，一张双币种信用卡(含人民币账户和美元账户)为两个账户，单币种信用卡为一个账户。

6. 放贷机构什么时候要查看信用报告？

贷前贷后都要看。接到申请后，放贷机构可以根据历史还款情况来判断还款意愿，根据已借笔数、对外担保情况等，来决定是否提供贷款，如果提供的话，要提供多少额度；在提供信用卡或贷款后，查看信用报告，以便决定是否增加授信额度或提前收回贷款。

7. 按合同约定还款重要吗？

非常重要。这不仅影响到你与当前放贷机构的关系(如是否增加额度、提供价格优惠、收取罚息、提前收回贷款等)，还会影响到你与其他放贷机构的关系。通过信用报告还可以了解到你在别的机构借债还钱的情况。

8. 提前还款会影响个人信用吗？

可能会。放贷机构会把提前还款信息报送征信系统，展现在"特殊交易"中。从合同约定来看，提前还款是一种违约行为，放贷机构可能会根据合同约定收取一定的罚息。提前还款不一定等于还款能力强、信用好，有些放贷机构可能会视为负面信息。

9. 还款方式能影响个人的信用记录吗？

可能会在无意中产生逾期记录，这是因为钱从你的账户转出后，并不一定能立即到达放贷机构指定的还款账户。

如中介代还、跨行还款等还款方式可能在账务处理时产生延迟，如果你习惯于在应还款日当天或提前一两天还款，那么就要提高注意力了，如恰逢周末节假日，更要小心。除此之外，还需要注意一行多户的情况，切记要将还款金额及时转至合同约定的还款账户。

10. 发现信用报告有错误怎么办？

可以向放贷机构或征信中心（分中心）提出异议并要求更正。如信用报告与实际情况不符，将更正信用记录，相符则保持不变。如对异议处理结果不满意，可以采用在报告中添加"本人声明"、投诉、诉讼等措施。

11. 信息为什么会出现错误？

数据从放贷机构的柜台到征信系统，过程长、环节多，哪个环节都有可能出错，比如自己填写信息有误、客户经理录入操作有误、放贷机构数据处理有误、征信中心整合数据有误等。

12. 信用卡出现不良记录后，立即销卡好不好？

不好。因为当你还清欠款后销卡，信用记录中仍然会展示不良记录，并且不会有新的按时还款记录；而如果你还清欠款后继续使用的话，虽然仍会显示不良记录，但积累了新的按时还款记录，会覆盖之前的不良记录。

13. 征信中心能修改数据吗？

不能。所有信息均来自放贷机构报送，征信中心匹配、整合同一个人的资料是来自不同机构的数据，一旦发生错误，由放贷机构直接修改并重新报送。千万不要相信不良记录铲单的骗局。

14. 不想申请贷款和信用卡，还要查信用报告吗？

建议每年至少查一次信用报告。在了解自身信用状况的同时，可以检查是否存在别人冒用或盗用你的身份获取贷款、信用卡等情况，或者是否有错误信息，以及未经授权违规查询等情况。

15. 谁能查看我的信用报告？

你让谁查，谁就能查。经过你的授权同意并约定了查询用途后，被授权的机构或其他人即可进行查询。商业银行等放贷机构查得最多，与你发生经济交易的生意伙伴、用人单位等也可能会查询。

除此之外，法院和政府部门可依法查询，无须告知或取得你的同意。

16. 查询信息条数有影响吗？

如果在一段时间内，你的信用报告多次被不同的银行查询，但信用报告中又表明这段时间内你没有得到新贷款或申请过信用卡，可能说明你向很多银行申请贷款或信用卡且均未成功，这样的信息会对你产生不利影响。

以上 16 个问题便是笔者总结的关于个人征信报告较为全面的问题，希望能够对大家有所帮助。

7.4 新版征信报告什么样，一看便知

2020 年 1 月 19 日新版征信正式上线，笔者找到了几份新版征信的资料，以便大家更直观地了解征信报告。

(1) 在征信报告的最顶端显示的是表头，包含报告时间、被查询者姓名、被查询者证件类型、被查询证件号码、查询机构、查询原因和异常信息提示等信息，如图 7-2 所示。

图 7-2 表头

(2) 接下来是身份信息，如图 7-3 所示。

图 7-3 身份信息

(3) 在身份信息下方，为居住信息，如图 7-4 所示。

编号	居住地址	（二）居住信息 住宅电话	居住状况	信息更新日期
1		——	自置	2019.11.19
2		——	——	2019.09.02
3		——	——	2019.02.25
4		——	——	2019.02.03
5		——	——	2018.12.17
编号	数据发生机构			
1	渤海银行股份有限公司信用卡中心			
2	中国邮政储蓄银行股份有限公司信用卡中心			
3	中信银行股份有限公司			
4	兴业银行股份有限公司			
5	交通银行股份有限公司			

图 7-4 居住信息

(4) 在居住信息下方，为职业信息，如图 7-5 所示。

编号	工作单位	（三）职业信息 单位性质	单位地址	单位电话
1	xx单位	——		151****1344
2	xx单位	——	xx省xx市xx区	151****1345
3	xx单位	——	xx省xx市xx区	——
4	xx单位	——		——
5	xx单位	——		——
编号	职业	行业	职务	职称	进入本单位年份	信息更新日期
1	——		——	——		2019.12.01
2	——	居民服务、修理和其他服务业	其他	——		2019.11.19
3	——	——	一般员工	——		2019.09.02
4	——	——	——	——		2019.02.25
5	——	——	其他	——		2019.02.03
编号	数据发生机构					
1	公积金管理中心					
2	渤海银行股份有限公司信用卡中心					
3	中国邮政储蓄银行股份有限公司信用卡中心					
4	中信银行股份有限公司					
5	兴业银行股份有限公司					

图 7-5 职业信息

(5) 以上 4 个表格中，都为个人信息，接下来为信贷交易信息提示，如图 7-6 所示。

	（一）信贷交易信息提示		
	业务类型	账户数	首笔业务发放月份
贷款	个人住房贷款	——	——
	个人商业房贷款（包括商住两用房）	——	——
	其他类贷款	——	——
信用卡	贷记卡	25	2011.11
	准贷记卡	——	——
其他	——	——	——
	合计	25	——

图 7-6 信贷交易信息提示

(6) 在信贷交易信息提示下方，为信贷交易违约信息概要，其中有两张贷记卡(信用卡)逾期，累计逾期 6 个月，如图 7-7 所示。

（二）信贷交易违约信息概要

\多列{5}{c|}{逾期（透支）信息汇总}

账户类型	账户数	月份数	单月最高逾期/透支总额	最长逾期/透支月数
非循环贷账户	--	--	--	--
循环贷账户一	--	--	--	--
循环贷账户二	2	6	582	3
贷记卡账户	--	--	--	--
准贷记卡账户	--	--	--	--

图 7-7　信贷交易违约信息概要

(7) 接下来为信贷交易授信及负债信息概要(未结清/未销户)，其中还包括贷记卡账户信息汇总，如图 7-8 所示。

（三）信贷交易授信及负债信息概要（未结清/未销户）

非循环贷账户信息汇总

管理机构数	账户数	授信总额	余额	最近6个月平均应还款
2	2	1,411,000	1,364,144	8,010

贷记卡账户信息汇总

发卡机构数	账户数	授信总额	单家机构最高授信额	单家机构最低授信额	已用额度	最近6个月平均使用额度
16	47	922,000	120,000	10,000	131,928	42,120

图 7-8　信贷交易授信及负债信息概要(未结清/未销户)

(8) 接下来为查询记录概要，如图 7-9 所示。

（四）查询记录概要

最近1个月内的查询机构数		最近1个月内的查询次数			最近2年内的查询次数		
贷款审批	信用卡审批	贷款审批	信用卡审批	本人查询	贷后管理	担保资格审查	特约商户实名审查
1	0	3	0	1	51	0	0

图 7-9　查询记录概要

(9) 接下来为信用卡五年内的还款情况，如图 7-10 所示。其中："N"代表正常还款，包括全额还款或最低还款；"0"代表逾期金额为零；"*"代表账单金额为零。

五年还款情况

发卡机构	账户标识	开立日期	账户授信额度	共享授信额度	币种	业务种类	担保方式
广州银行股份有限公司		2016.06.27	60,000	60,000	人民币元	贷记卡	信用/免担保

| \多列{8}{c}{截止2019年12月05日} |

账户状态	余额	已用额度	未出单的大额专项分期余额	剩余分期期数	最近6个月平均使用额度	最大使用额度
正常	0	0			4,811	257,250
账单日	本月应还款	本月实还款	最后一次还款日期		当前逾期数	当前逾期总额
1	0	0	2019.09.16		0	0

2016年6月—2019年12月的还款记录

	1	2	3	4	5	6	7	8	9	10	11	12
2019	N 0	N 0	N 0	N 0	N 0	N 0	N 0	N 0	N 0	N 0	* 0	* 0
2018	N 0	N 0	N 0	N 0	N 0	N 0	N 0	N 0	N 0	N 0	N 0	N 0
2017	*	*	*	*	*	N 0	N 0	N 0	N 0	N 0	N 0	N 0
2016						#	--	0	*	*	*	*

图 7-10　五年还款情况

（10）接下来为交通银行信用卡逾期的情况。交通银行信用卡逾期分为轻微逾期和严重逾期。轻微逾期的情况如图 7-11 所示；严重逾期的情况如图 7-12 所示。

轻微逾期											
发卡机构	账户标识		开立日期	账户授信额度		共享授信额度		币种	业务种类		担保方式
交通银行股份有限公司			2018.12.17	14,000				人民币元	贷记卡		信用/免担保
截至2019年11月21日											
账户状态	余额		已用额度		未出单的大额专项分期余额		剩余分期期数	最近6个月平均使用额度		最大使用额度	
正常	139		139		— —		0	6,072		10,441	
账单日	本月应该还款		本月实还款		最后一次还款日期		当前逾期期数		当前逾期总额		
2019.11.21	1,045		10,474		2019.11.15		0		0		
2018年12月－2019年11月的还款记录											
	1	2	3	4	5	6	7	8	9	10	11	12
2019	*	1	N	N	N	N	1	N	N	N		
	0	136	0	0	0	0	582	0	0	0		
2018											*	
											0	

图 7-11 轻微逾期

注意：在图 7-11 中，"*"代表账单金额为零，或者做了零账单；"N"表示正常还款，包括全额还款或最低还款；"0"代表逾期金额为零；"1"代表存在 30 天内的逾期；"136"和"582"表示逾期金额。

注意：在图 7-12 中，"*"代表账单金额为零，或者做了零账单；"N"代表正常还款，包括全额还款或最低还款；"0"代表逾期金额为零；"1" "2" "3" "4" "5" "6" 代表存在 30、60、90、120、150、180 天内的逾期，"7" 代表逾期超过 180 天；红框内的数字表示逾期的金额；"C"代表销户。

严重逾期												
发卡机构	账户标识		开立日期	账户授信额度		共享授信额度		币种	业务种类		担保方式	
交通银行股份有限公司			2013.03.14	0		0		人民币元	贷记卡		信用/免担保	
截至2019年11月21日												
	销户状态							销户日期				
	销户							2018.05.07				
2015年02月－2019年05月的还款记录												
	1	2	3	4	5	6	7	8	9	10	11	12
2018	7	7	N	*	C							
	99	99	0	0	0							
2017	*	*	*	1	2	3	4	5	6	7	7	7
	0	0	0	18	28	79	69	90	89	899	99	699
2016	1	1	N	1	N	*	1	2	3	4	5	N
	7,513	1,813	0	540	0	0	5	15	25	58	66	0
2015			N	1		1	N		1		N	1
			0	126	0	1,680	0	7,907	0	669	0	4,789

图 7-12 严重逾期

图 7-12 中的交通银行信用卡产生了严重逾期，逾期时间很长，但大部分逾期金额较小，很有可能是忘记还钱。

（11）除交通银行外，我们再来看一下广发银行信用卡逾期情况，如图 7-13 所示。

发卡机构	账户标识	开立日期	账户授信额度	共享授信额度	币种	业务种类	担保方式
广发银行股份有限公司东莞分行营业部		2011.11.16	18,000	18,000	人民币元	贷记卡	信用/免担保

广发信用卡逾期

截至2019年12月14日

账户状态	余额	已用额度	未出单的大额专项分期余额	剩余分期期数	最近6个月平均使用额度	最大使用额度
正常	0	0	--	0	348	15,690
账单日	本月应还款	本月实还款		最后一次还款日期	当前逾期期数	当前逾期总额
2019.12.14	18	18		2019.12.03	0	0

2015年02月—2019年12月的还款记录

	1	2	3	4	5	6	7	8	9	10	11	12
2019	N 0	N 0	N 0	N 0	N 0	N 0	N 0	N 0	N 0	N 0	N 0	N 0
2018	N 0	N 0	N 0	N 0	N 0	N 0	N 0	N 0	N 0	N 0	N 0	N 0
2017	1 589	2 200	3 788	N 0	N 0	N 0	N 0	1 100	N 0	N 0	N 0	N 0
2016	*	N 0	N 0	N 0	N 0	N 0	N 0	N 0	N 0	N 0	N 0	N 0
2015			N 0	N 0	N 0	N 0	N 0	N 0	N 0	N 0	N 0	N 0

图7-13 广发银行信用卡逾期

其中:"N"代表正常还款,包括全额还款和最低还款;"0"代表逾期金额为零;"1""2""3"代表存在30、60、90天内的逾期;"589""200""788"表示逾期的金额。

(12) 了解了各银行信用卡的还款、逾期等情况,再来看看信用户的销卡记录和未激活的信用卡情况。其中,信用卡销户记录如图7-14所示;未激活的信用卡情况如图7-15所示。

发卡机构	账户标识	开立日期	账户授信额度	共享授信额度	币种	业务种类	担保方式
兴业银行股份有限公司		2018.05.28	26,000	26,000	人民币元	贷记卡	信用/免担保

信用卡销户

截至2019年08月13日

销户状态	销户日期
销户	2019.08.13

2018年05月—2019年08月的还款记录

	1	2	3	4	5	6	7	8	9	10	11	12
2019	N 0	N 0	N 0	N 0	N 0	*	*	C				
2018					* 0	N 0	N 0	N 0	N 0	N 0	N 0	N 0

图7-14 信用卡销户

发卡机构	账户标识	开立日期	账户授信额度	共享授信额度	币种	业务种类	担保方式
中信银行股份有限公司		2017.03.23	120,000	0	人民币元	贷记卡	信用/免担保

信用卡未激活

截至2019年11月14日,账户状态为"未激活"

发卡机构	账户标识	开立日期	账户授信额度	共享授信额度	币种	业务种类	担保方式
中国建设银行股份有限公司深圳市分行		2018.05.22	17,000	0	美元	贷记卡	信用/免担保

信用卡未激活

截至2019年06月22日,账户状态为"未激活"

图7-15 信用卡未激活情况

(13) 接下来为贷款情况,比如房贷、助学贷款、到期还本付息贷款以及小贷,分别如图7-16~图7-19所示。其中,图7-18中的"C"代表正常结清贷款。

管理机构		账户标识		开立日期		到期日期		借款金额		账户币种	
交通银行				2016.10.11		2046.10.11		530,000		人民币元	
业务种类		担保方式		还款期数		还款频率		还款方式		共同借款标志	
个人住房商业贷款		组合(不保证)		360		月		——		无	
截至2019年12月01日											
账户状态	五级分类	余额	剩余还款期数		本月应还款		应还款日		本月实还款		最后一次还款日期
正常	正常	501,126	323		2,657		2019.12.01		2,657		2019.12.01
当前逾期期数		当前逾期总额		逾期31—60天未还本金		逾期61—90天未还本金		逾期91—180天未还本金		逾期180天以上未还本金	
0		0		0		0		0		0	
2016年6月—2019年12月的还款记录											
	1	2	3	4	5	6	7	8	9	10	11	12
2019	N	N	N	N	N	N	N	N	N	N	*	*
	0	0	0	0	0	0	0	0	0	0		
2018	N	N	N	N	N	N	N	N	N	N	N	N
	0	0	0	0	0	0	0	0	0	0	0	0
2017	N	N	N	N	N	N	N	N	N	N	N	N
	0	0	0	0	0	0	0	0	0	0	0	0
2016										*	N	N
										0	0	0

图7-16 房贷

管理机构	账户标识	开立日期	到期日期	借款金额	账户币种
原平安银行	3612345678	2009.03.31	——	11,000	人民币元
业务种类	担保方式	还款期数	还款频率	还款方式	共同借款标志
个人助学贷款	信用免担保	9	季	——	无
截至2011年05月31日					
账户状态			账户关闭日期		
结清			2011.05.30		

图7-17 助学贷款

到期还本利息					
管理机构	账户标识	开立日期	到期日期	借款金额	账户币种
中国工商银行股份有限公司深圳市分行		2015.11.13	——	126,000	人民币元
业务种类	担保方式	还款期数	还款频率	还款方式	共同借款标志
其他个人消费贷款	质押	——	一次性	——	无
截至2016年02月15日					
账户状态			账户关闭日期		
结清			2016.02.15		
2015年11月—2016年02月的还款记录					

	1	2	3	4	5	6	7	8	9	10	11	12
2016	*	C										
	0	0										
2015											*	*
											0	0

图7-18 到期还本付息贷款

管理机构		账户标识		开立日期		到期日期		借款金额		账户币种	
捷信消费金融有限公司				2019.02.01		2019.12.31		2,799		人民币元	
业务种类		担保方式		还款期数		还款频率		还款方式		共同借款标志	
其他个人消费贷款		信用/免担保		10		月		——		无	
截至2019年12月01日											
账户状态	五级分类	余额	剩余还款期数		本月应还款		应还款日		本月实还款		最后一次还款日期
正常	正常	305	1		328		2019.11.30		328		2019.11.04
当前逾期期数		当前逾期总额		逾期31—60天未还本金		逾期61—90天未还本金		逾期91—180天未还本金		逾期180天以上未还本金	
0		0		0		0		0		0	
2019年02月—2019年11月的还款记录											

	1	2	3	4	5	6	7	8	9	10	11	12
2019		*	N	N	N	N	N	N	N	N	N	N
		0	0	0	0	0	0	0	0	0	0	0

图7-19 小贷

(14) 接下来我们看到的是公积金的缴费记录,如图7-20所示。

（一）住房公积金参缴记录							
参缴地	参缴日期	初缴月份	缴至月份	缴费状态	月缴存额	个人缴存比例	单位缴存比例
广东省东莞市	2011.11.15	2011.1	2019.11	提交	3,315	12%	12%
缴费单位							信息更新日期
							2019.12

（一）住房公积金参缴记录							
参缴地	参缴日期	初缴月份	缴至月份	缴费状态	月缴存额	个人缴存比例	单位缴存比例
广东省深圳市	2011.06.27	2011.05	2011.1	封存	0	5%	5%
缴费单位							信息更新日期
							2019.12

图 7-20　公积金缴费记录

（15）除了以上各种情况和记录之外，各大机构对我们征信报告的查询记录也会体现在征信报告中，如图 7-21 所示。

机构查询记录明细			
编号	查询日期	查询机构	查询原因
1	2020.01.07	兴业银行股份有限公司深圳分行	贷款审批
2	2019.12.24	兴业银行股份有限公司深圳分行	贷款审批
3	2019.12.13	中国建设银行股份有限公司深圳市分行	法人代表、负责人、高管等资信审查
4	2019.11.30	平安银行股份有限公司信用卡中心	贷后管理
5	2019.10.04	深圳前海微众银行股份有限公司	贷款审批
6	2019.09.25	平安银行股份有限公司信用卡中心	贷后管理
7	2019.08.07	平安银行股份有限公司信用卡中心	贷后管理
8	2019.02.01	捷信消费金额有限公司	贷款审批
9	2019.01.25	平安银行股份有限公司深圳分行	贷后管理
10	2019.01.23	平安银行股份有限公司信用卡中心	贷后管理
11	2018.09.26	平安银行股份有限公司信用卡中心	贷后管理
12	2018.04.03	广发银行股份有限公司	贷后管理

图 7-21　机构查询记录

以上就是新版征信中的细节展示，与旧版征信的数据相比较，新版征信的数据更详细，但在本质上没有区别。最后再为大家奉上一份电子版的个人征信报告，供大家参考，如图 7-22 所示。

图 7-22　电子版个人征信报告

7.5 4种查询征信报告的方法

通过通读前文的内容，相信读者们都明白用户要维持优质的个人信用很难，需要长时间的信用卡良好使用记录才能够打造出一份漂亮的个人信用记录。

不良的信用记录非常容易出现，比如还款逾期就会出现信用卡不良记录，而且该记录会长时间地影响用户申请信用卡的成功率。

因此，用户应多注意自己的信用卡使用情况，本节笔者介绍4种查询个人信用报告的方法。

1．银行柜台查询，传统的查询方式

最传统的查询方式是去银行柜台查询个人信用报告，需要用户本人携带自己的有效身份证件的原件以及复印件，并填写《个人信用报告本人查询申请表》。

其中，个人身份证、军官证、士兵证、护照、港澳居民来往内地通行证、台湾居民来往大陆通行证、外国人居留证等证件都属于有效证件。

2．自助查询机查询，限制比较多

用户可以携带本人的第二代身份证(其他有效证件暂时无法查询)，在自助机上查询个人信用报告。不过，这种查询方式，每个版本仅限查询一次，而且只能用于本人办理，无法代办查询。通过自助查询机查询需要注意以下事项。

- 用户应与自助机保持半步左右的距离，目光对准摄像头进行拍照，确保取景框可以出现完整的用户头像。
- 当成功查询到个人信用报告后，应审核查对报告页数，并及时取走身份证。

3．网上银行查询，随查随看

目前，可以查询个人信用报告的商业银行有中信银行和北京银行。

- 中信银行：在中信银行开通网银并领取USBKey证书，登录中信银行的网上银行，点击"特色服务"页面中的"信用报告查询"即可，没有查询次数的限制，通常会在第二个工作日获得结果。
- 北京银行：查询个人信用报告仅针对证书版或财富版个人用户，登录网上银行，可以在"我的报告"|"信用报告"页面中申请查询及下载，一年可以免费查询2次详细版信报。

4．通过互联网查询，更快捷方便

用户还可以登录中国人民银行征信中心，注册成功并激活账号后，即可查询信用

报告。

【实战】 下面介绍通过互联网查询个人信用报告的具体操作方法。

步骤 01 用户进入中国人民银行征信中心的"核心业务-个人信用信息服务平台"页面,单击右上角的"注册"按钮,进入注册页面,根据系统提示输入相应的信息,然后提交即可,如图 7-23 所示。

图 7-23 注册页面

步骤 02 用户注册成功,会得到一个查询码。收到查询码后,用户需要再次进入中国人民银行征信中心的"核心业务—个人信用信息服务平台"页面,单击右上角的"登录"按钮进入登录页面,如图 7-24 所示,输入信息进行登录。

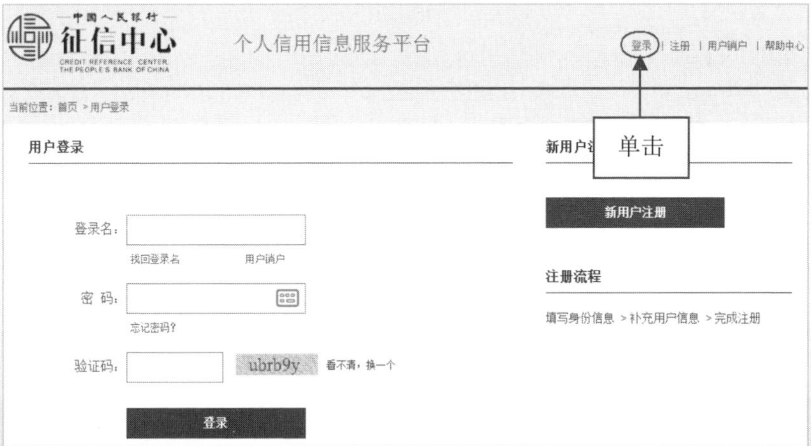

图 7-24 登录页面

步骤 03 用户成功登录后，单击左侧的"信用报告查询"按钮，如图 7-25 所示，并进入页面，选择身份验证方式，并输入第 2 步中获得的查询码，如图 7-26 所示。

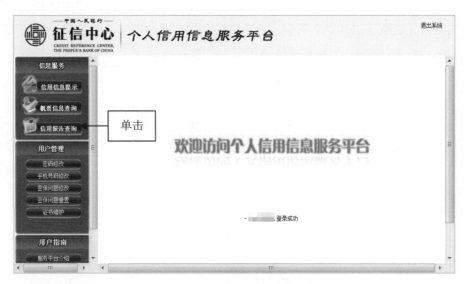

图 7-25　单击"信用报告查询"按钮

图 7-26　输入查询码

步骤 04 单击"提交"按钮，即可获取个人信用报告，单击报告页面底部的"生成 PDF"按钮，即可下载保存为 PDF 版本的个人信用报告。

7.6 如何申请征信报告的异议处理

根据《征信业管理条例》的规定，如果你认为你的信用报告有遗漏、错误之处，可以向金融机构或征信中心提出异议申请。比如被金融机构误上报了负面信息，可以通过异议申请消除，本节教给大家具体的方法。

1. 提出异议的途径

金融机构只受理属于本机构信贷业务的异议申请。如果是全国性金融机构，大部分既可受理本地区异议申请，又可以受理跨地区的异议申请。异议申请主要通过柜台和客服电话进行申请，但每家银行的具体情况不一样，具体情况可咨询当地银行。

如果是地方性金融机构，则大部分只接受本地区的异议申请，不受理跨地区的异议申请，主要可以通过柜台、客服电话、异议处理专员(或客服经理)等方式受理，其中第三种渠道受理较多。

2. 异议处理的流程

金融机构受理异议申请的流程为：异议申请→对信息进行内部核查→信息缺失错误、改记录。如果信息确实没错，则不改记录。

3. 异议处理时效

异议处理完毕之后，《征信业管理条例》规定金融机构必须在 20 天内回复处理结果，所以在提出异议申请之后只需静静等待即可。

7.7 刷卡后，征信报告会如何显示

很多卡友都很关心一个问题："刷卡消费后，在征信报告上如何显示？"做零账单的持卡人，也关心征信报告如何显示。还有一些高端的卡友，关心"负债率"的问题。更有行内大咖为"是否存在实时负债率"这个问题进行过多番讨论。

各种实测、证据、推论层出不穷，大家都有理有据，但始终没有一种说法能让所有人信服。对此，笔者得出的结论如下。

(1) 刷卡消费后，征信报告不会实时更新。
(2) 银行在账单日之后上报征信系统，银行上报之后征信系统才会更新、体现出来。
(3) 实时负债率不存在。
(4) 征信报告会显示"最近 6 个月平均使用额度"，是指截止信用卡最近一个账

单日之前的 6 个月平均每个月的使用额度。

有些读者可能不知道"零账单"和"实时负债率"的意思。顾名思义，负债率就是已用额度占信用卡额度的比率。比如笔者信用卡额度为 1 万元，已经使用了 5000 元，则这张信用卡的负债率就是 50%。而零账单，就是在账单日前还清信用卡，出来的账单金额为零。

零账单、降低负债率在申请房贷、车贷、信用卡的时候可能有益处。因为在提额、申请新的信用卡的时候，银行会参考你已有额度的使用情况。如果你的信用卡长期使用下来负债率接近 100%，这种账单对你以后贷款、申请新信用卡或者提额都是不好的。因为在征信报告里，关于负债有个专门的栏目：信贷交易授信及负债信息概要。其中有一条显示的就是你近 6 个月使用的平均额度。

如果长期透支大额的信用卡，银行可能认为持卡人资金紧缺，是一个高风险用户，轻则拒卡，重则拒贷。避免自己成为高风险用户的绝招就是：清零账单。也就是说，各银行报送给人民银行的征信记录中显示"应还款额为零"。说直接一点就是银行认为你没有负债，贷款审批会容易得多。

同理，申请信用卡时，如果你的信用卡连续几个月负债率高于 90%，可能申请会直接被拒。这时候，如果做两三个月的零账单，再去申请可能会容易通过一些。当然，这只是银行审核的一个维度，至于能不能下卡，还要看申请人其他方面的情况。

那么零账单是否有效呢？我们基于前文的 4 点官方事实可以作出以下推论。

首先，因为银行是在账单日之后才上报征信系统，所以理论上做零账单之后，征信报告确实是这样显示的，也就是说零账单理论上可行；但是，不同的银行上报的方式可能有区别，同样的零账单做法，在 A 银行上报的数据就是近 6 个月使用额度是零，而在 B 银行可能就不是零了，A 的经验不一定适合 B，对人也是同理。

并且，笔者认为以银行目前的技术风控水平，很容易识破持卡人刻意做零账单的行为。另外，零账单也存在缺点，比如不能充分利用免息期、浪费授信等。

7.8　逾期被银行催收手段一览及解决方式

关于本节内容，大家了解一下即可，笔者希望大家永不逾期。但如果你一不小心把卡刷爆，此时有能力还款给银行还好，一旦自己没有还款能力，账单又发生逾期不还的情况，那么银行就会催收。银行的催收手段多样化，信用卡催收一般分为内催和外催两种模式。

1. 内催

内催是比较温和的一种催收方式，一般针对逾期 3 个月以上的用户。由银行内部客服进行电话沟通，这些客服人员都是经过培训的，所以态度比较和蔼。如果前期客服沟通无效，就会让电话催收部门进行电话沟通，他们的态度可能会比较严肃。

各个营业网点办事处的工作人员负责上门进行处理，因为这时还未还款的用户大部分比较顽固，电话解决不了问题，因此态度也会强硬一些。

2. 外催

外催即让第三方催收公司进行催收，银行无法解决的问题则会让催收公司帮忙解决，甚至雇佣一些律师起诉。信用卡催款流程如下。

1) 短信

一般在未还款的一至两周内，会先以短信的形式通知。

2) 电话

不止一次有逾期行为，且逾期超过一个月，银行就会直接电话沟通。当然，如果超过一个月联系不上欠款人，银行将会直接联系欠款人的亲朋好友。

3) 律师

在通过短信电话都解决不了问题的情况下，银行就会雇佣律师给欠款人发律师函，进行最后的还款通知。

4) 上门

超过 3~6 个月还不还钱的，银行就会委托催收公司，到欠款人的家里或工作单位进行还款劝说。

3. 起诉的几种情况

(1) 若名下有资产，就会考虑进行起诉；如果名下无资产，起诉了也是没用的，因为银行可能什么也得不到。

(2) 如果存在诈骗行为，起诉的概率会高一些，比如利用假的资质办理信用卡，进行恶意套现。

(3) 若达到起诉要求，也联系得上你，银行就会先和你通过电话协商，不会直接起诉。

(4) 若达不到起诉要求，并且长时间联系不到欠款人，法院不会受理。

(5) 经过与银行沟通，如果欠款人的确没有还款能力，银行会给欠款人放宽条件，让欠款人每个月少还一些金额，将还款时间拉长。

总而言之，只要情况不是非常恶劣，而且也没有诈骗，将态度放端正，和银行好好协商，事情都能得到解决。

若你名下没有资产，而且信用卡欠款的金额比较低，躲避银行的催款电话，甚至频繁更换工作单位、换住址，这些行为也是非常不妥的。虽然银行找不到你，也不能起诉你，但是如果你以后在其他地方办理社保，或者是创业开公司，银行完全能找得到你。

最后，笔者在此提醒大家：管理好自己的信用卡，不要逾期，保持良好的信用记录。

7.9　信用卡逾期就会被认定为恶意透支吗

持有信用卡的朋友们都比较担心，当自己逾期还款的时候，是否涉嫌信用卡诈骗罪。在实践中，认定信用卡诈骗罪有两个必需的要件：一是经发卡银行两次催收都没有还款的；二是超过 3 个月没有归还欠款的。本节就来讲讲构成信用卡诈骗的情形和量刑。

1. 怎样的情形构成信用卡诈骗罪？

根据现行《刑法》第一百九十六条的相关规定，有 4 种情形属于信用卡诈骗罪：使用伪造的信用卡，或者使用以虚假的身份证明骗领的信用卡的；使用作废的信用卡的；冒用他人信用卡的；恶意透支的。

这里所说的恶意透支是指持卡人以非法占有为目的，超过规定限额或者规定期限透支，并且经发卡银行两次催收后超过 3 个月仍不归还的行为。

而"非法占有为目的"也是有明确规定的：明知没有还款能力而大量透支，无法归还的；肆意挥霍透支的资金，无法归还的；透支后逃匿、改变联系方式，逃避银行催收的；抽逃、转移资金，隐匿财产，逃避还款的；使用透支的资金进行违法犯罪活动的；其他非法占有资金，拒不归还的行为。具体的量刑，还需根据金额来定。

（1）用伪造的信用卡、假身份证明骗领的信用卡、作废的信用卡或者冒用他人信用卡，进行信用卡诈骗的：

数额较大(5000 元～5 万元)：处 5 年以下有期徒刑或者拘役，并处 2 万元以上 20 万元以下罚金。

数额巨大(5 万～50 万元)或者有其他严重情节的：处 5 年以上 10 年以下有期徒刑，并处 5 万元以上 50 万元以下罚金。

数额特别巨大(>50 万元)或者有其他特别严重情节的：处 10 年以上有期徒刑或者无期徒刑，并处 5 万元以上 50 万元以下罚金或者没收财产。

（2）以自己名义申领的信用卡，恶意透支的行为：

数额较大(1 万～10 万元)：处 5 年以下有期徒刑或者拘役，并处 2 万元以上 20 万元以下罚金。

数额巨大(10 万～100 万元)或者有其他严重情节的：处 5 年以上 10 年以下有期徒刑，并处 5 万元以上 50 万元以下罚金。

数额特别巨大(>100 万元)或者有其他特别严重情节的：处 10 年以上有期徒刑或

者无期徒刑，并处 5 万元以上 50 万元以下罚金或者没收财产。

注意，恶意透支的数额是持卡人拒不归还的数额或者尚未归还的数额，不包括复利、滞纳金、手续费等发卡银行收取的费用。

如果你不小心恶意透支了，在公安机关立案后法院判决宣告前已偿还全部透支款息的，是可以从轻处罚的。情节轻微的，还可以免除处罚。恶意透支数额较大，在公安机关立案前已偿还全部透支款息，情节显著轻微的，可以依法不追究刑事责任。

所以当不小心被追究刑事责任时，首先应该做的就是积极还款，从而最大限度地减轻刑事责任。

2. 如何认定恶意透支？

信用卡透支除了正常透支以外，还有违约透支和恶意透支。那么违约透支和恶意透支是如何区分的呢？

违约透支，是指持卡人在正常透支后，由于客观原因或者不可预见的原因导致未能按照发卡银行约定的限额或期限还款的行为。这种透支行为违反了民事法律规定，是一种民事侵权行为，发卡银行可以提起民事诉讼来追究持卡人的违约责任。

恶意透支，是一种犯罪行为，持卡人以非法占有为目的，超过规定限额或期限透支，并经发卡银行催收后仍不归还的行为，数额较大的，构成恶意透支型信用卡诈骗罪。

可见，违约透支和恶意透支是两种性质截然不同的行为，两者的界限在于持卡人是否具有非法占有银行财产的目的。依据《刑法》规定，"恶意透支"属于信用卡诈骗的犯罪行为。

最高人民法院、最高人民检察院在 2009 年联合发布的司法解释对"恶意透支"的条件作出明确规定：持卡人以非法占有为目的，超过规定限额或者规定期限透支，并且经发卡银行两次催收后 3 个月仍不归还的，应当认定为《刑法》第一百九十六条规定的"恶意透支"。

首先，"恶意透支"有两个限制条件：发卡银行两次催收和催收后超过三个月没有归还。也就是说，如果持卡人没有接到两次有关通知或者文书，被催收后在三个月内如数归还欠款的，不属于"恶意透支"。

其次，"恶意透支"在主观上具有非法占有的目的。只有具备"以非法占有为目的"进行的透支行为才属于"恶意透支"，被认定为恶意透支则构成刑事犯罪，在司法实践中具有以下 6 种情形。

(1) 明知没有还款能力而大量透支，无法归还的。
(2) 肆意挥霍透支的资金，无法归还的。
(3) 透支后逃匿、改变联系方式，逃避银行催收的。
(4) 抽逃、转移资金，隐匿财产，逃避还款的。

(5) 使用透支的资金进行违法犯罪活动的。

(6) 其他非法占有资金、拒不归还的行为。

数额在 1 万元以上不满 10 万元的，应当认定为《刑法》第一百九十六条规定的"数额较大"；数额在 10 万元以上不满 100 万元的，应当认定为《刑法》第一百九十六条规定的"数额巨大"；数额在 100 万元以上的，应当认定为《刑法》第一百九十六条规定的"数额特别巨大"。

需要注意的是，行为人是否具有还款能力以及是否发生了特殊困难导致无力还款，需要通过考察行为人的整体经济状况来评价。这往往需要诸多证据，比如工资表、经营账表、信用卡交易明细、银行存款明细、固定资产清单等来证实。

对于涉及罪与非罪的案件，承办人员应当对所有证据认真梳理、仔细审查，做到不枉不纵。如果综合全案证据，仍无法得出唯一性结论的，应当本着对被告人有利以及疑罪从无的原则办理。

7.10 信用卡逾期，7招避免上征信

当今社会，征信体系越来越完善，良好的征信报告对每个人的重要性不言而喻，在前文中笔者已经详细讲过很多次。生活总有忙碌的时候，笔者有段时间就因为事情太多而忘还信用卡，导致逾期。

相信这种情况，除了笔者之外，很多读者也遇到过。其实当信用卡逾期后，并不一定会马上上征信，在上征信之前，还有以下几种补救措施。

1. 上征信时间

发生信用卡逾期，每家银行上报央行征信的时间不一样，具体规定如下。

超过还款日立刻上征信：工商银行。

超过宽限期才上征信：农业银行、建设银行、交通银行、招商银行、中信银行、民生银行、光大银行。

下一个账单日才上征信：中国银行、浦发银行、广发银行、华夏银行、平安银行。

2. 容时容差

2013 年 7 月 1 日，中国银行业协会公布修订版《中国银行卡行业自律公约》，建议各商业银行提供信用卡还款容时和容差服务：持卡人欠款 3 天以内、所欠金额少于 10 元的即应视为按时还款，信用卡到期还款日即将到来时，银行还需提醒客户还款。

也就是说，在还款日的后 3 天内及时致电发卡行客服中心申请容时服务并全额还

款就不会上征信。

需要注意,该公约没有强制性,只是倡导各银行为信用卡持卡人提供容时容差服务,并没有强制规定。因此,各银行在容时容差执行过程中标准不一。各家银行政策也不一样,可参考表7-1。

表7-1 各家银行政策

银 行	容差金额	容时期限
工商银行	仅对未还部分罚息	无
中国银行	账单金额的1%	普通卡3个自然日,白金卡9个工作日
建设银行	无	3个自然日(需客户致电申请延时)
农业银行	普卡100元,金卡白金卡200元	2个自然日
交通银行	10元人民币或等额外币	3个自然日
招商银行	10元人民币或等额外币	3个自然日
广发银行	10元人民币或等额外币	3个自然日
兴业银行	10元人民币或等额外币	3个自然日
中信银行	10元人民币或等额外币	3个自然日(需客户致电申请延时)
民生银行	10元人民币或等额外币	3个自然日
光大银行	最多100元人民币或20美元	3个自然日(需客户致电申请延时)
华夏银行	10元人民币或等额外币	3个自然日
平安银行	10元人民币或等额外币	3个自然日
北京银行	10元人民币或等额外币	2个自然日
浦发银行	100元人民币或等额2美元	还款日3个自然日后的晚上9点前到账
上海银行	30元人民币或等值美元	还款日3个自然日后的晚上24点前到账
花旗银行	无	3个自然日(需客户致电申请延时)

3. 补救措施

既然每家银行上征信的时间不一样,那么万一不小心逾期,只要尽快补救就不会上征信了。具体来说,逾期主要有以下两种补救措施。

(1)马上全额还款:为保障到账时间,最好使用同一银行的借记卡,尽量不用跨行或者支付宝之类的第三方还款。

(2)联系客服沟通:说明非主观恶意拖欠,因XX客观原因导致没还上,并告知刚刚已经及时还款了。

4. 常见理由

(1)银行问题:银行间系统结算问题、银行转账交易系统问题、银行没有发账单或者短信、网络、电信运营商问题导致没有收到账单、签约自动还款没扣款等。

(2) 不可抗力：比如被公司临时派去出差或境外旅行、所在地电信线缆出现问题、台风把网络设备损毁了等。

(3) 以情动人：比如自己不小心摔伤、手机丢失等。总之，中心思想就是要动之以情、晓之以理，逾期是因为存在客观原因，并非主观拖欠，态度一定要好。

(4) 诱之以利：跟客服商谈，如果不把你逾期的事实上报征信或者撤回，那么可以向银行表示自己愿意分期还款，交手续费，哪怕支付罚息也行。因为相对于罚息来说，不良征信记录才是更值得我们重视的。

5. 申请异议

如果上述办法都挽救不了，你又有其他正当理由或者证据，那么可以向征信中心申请异议，由央行来判定你是否真的有逾期、是否应该记录在案。详细的原理和操作方法，可翻阅前文 7.6 节中的内容。

6. 覆盖

如果逾期已经上报征信并且异议申请也失败了，那么不良记录就需要 5 年才可以在个人征信中被覆盖。在这期间切记不要销卡，如果销卡，不良记录就会长时间停留；还清欠款后应坚持用卡两年，且保持良好用卡习惯，用新记录冲销掉原来的不良记录(一般申请贷款、信用卡等只看近两年的记录)。

7. 防患于未然

任何时候，未雨绸缪防患于未然都比事情发生了再处理更简单，所以最好的方法就是不要逾期。

第8章

个人贷款，买房买车可以这样做

学前提示

先消费后还钱的信用卡让不少持卡人受益，甚至还有不少持卡人通过信用卡分期付款提前圆了购房梦、购车梦。卡友们在买房、买车时，正好可以通过刷信用卡来解燃眉之急。

本章重点介绍利用信用金融产品购房、购车的一些经验和技巧。

要点展示

➤ 买房缺钱？信用卡可以这样帮你

➤ 买车缺钱？信用卡分期贷款，轻轻松松提新车

➤ 公积金贷款，如果允许，应用最大化

➤ 关于商业贷款，一定要选择利率最低的

8.1 买房缺钱？信用卡可以这样帮你

买房对于现在的人来说可是一件大事，年轻男女间甚至出现了"没房子就不结婚"的现象。随着城市化进程的加快，越来越多的人涌入大城市，房子已经是人们生活中刚性需求的商品。

如今，大多数正需要买房的年轻人仅凭自己的积蓄和收入，是难以独立承受大城市房价的，但房子又是刚需商品，是外地年轻人想要扎根大城市的立身之本，所以不需要抵押物的信用贷款便成了年轻人买房的最好帮手。

个人信用贷款虽然不需要抵押物，但相对来说审批比较严格，想要成功申请到个人信用贷款，还需要掌握一定的技巧。

以下笔者就为大家介绍几个申请信用贷款的小技巧，其中不仅包括信用卡买房，还有通过银行贷款买房供大家参考，大家结合自己的情况选择最适合自己的方式即可。

1. 选对银行，根据申请难易程度选择

不同的银行有不同的信贷政策，因此对于不同的贷款申请人来说，在不同的银行申请个人信用贷款是有难易之分的。一般来说，在城市商业银行和农村信用社等银行申请个人信用贷款要比在五大国有商业银行中申请难度低一点。具体难易度排名为：城市商业银行＜农村信用社＜邮政储蓄银行＜五大国有商业银行。

五大国有商业银行是指由国家直接管控的四大国有商业银行，即中国工商银行、中国建设银行、中国农业银行、中国银行，再加上 1986 年重组，首个完成国有银行股份制改革的交通银行，这 5 家国有银行被合称为"五大行"。

目前还有一种"新五大行"的说法，就是四大行加上 2007 年成立的邮政储蓄银行。不过笔者认为邮储银行在各方面与四大行和交通银行都存在一定差距，还是"工建农中交"五大行的说法比较准确一些。

上面所说的只是普遍情况，个人信用贷款申请的真实难度还要从贷款申请人的资质和放贷银行的贷款利率、额度、还款要求等方面综合考虑。

1) 贷款申请人资质

如果贷款申请人自身资质就很高，个人信用良好，有稳定的工作，月收入较高，社会地位不低，名下财产也很多，这样的贷款申请人在任何一家放贷银行申请个人信用贷款都比较容易通过。

2) 贷款条件

不同的放贷银行有不同的个人信用贷款条件，相同额度的个人信用贷款，有的放贷银行要求贷款申请人有稳定的工作，且月收入要在 2000 元以上，有的银行则要求贷款申请人月收入不低于 3000 元。

不同的个人信用贷款产品也会有不同的申请条件，比如中信银行工资代发个人信贷，就要求贷款申请人属于中信银行的工资代发客户。

3) 贷款利率

贷款利率是贷款申请人最关心的一点，因为这直接关系到贷款成本。一般来说，利率较高的个人信用贷款好申请一点，所以城市商业银行的贷款利率相对其他银行来说要高一点，但银行的贷款利率也不是固定的，如果在银行有活动时或贷款申请人的信用良好的情况下，放贷银行会给贷款申请人利率优惠。

特别是买房信用贷款，银行一般都会给放贷申请者 3%～5% 不等的银行基准利率下调幅度的利率优惠。图 8-1 所示为商业银行的贷款基准利率。

贷款利率　存款利率	
利率项目	年利率(%)
六个月以内（含6个月）贷款	5.60
六个月至一年（含1年）贷款	6.00
一至三年（含3年）贷款	6.15
三至五年（含5年）贷款	6.40
五年以上贷款	6.55

图 8-1　银行贷款基准利率

4) 还款要求

不同银行、不同贷款都会有不同的还款要求，如还款期限、还款方式等要求。贷款申请人要多方对比，选择还款要求最适合自己偿还能力的个人信用贷款，这样在申请的时候也更容易获得审批通过。个人信用贷款有以下 4 种常见的还款方式。

(1) 等额本息还款：等额本息还款方式是最常见的一种还款方式，大多数放贷银行采用这种还款方式。等额本息还款方式的特点如图 8-2 所示。

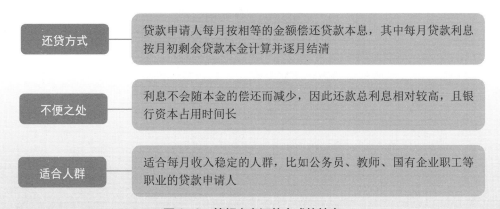

图 8-2　等额本息还款方式的特点

(2) 等额本金还款：等额本金还款又被称为利随本清，其特点如图 8-3 所示。

(3) 一次性还本付息：一次性还本付息的还贷方式就是指贷款申请人不需要支付月供，在贷款期限到达时，一次性连本带利地还清所有贷款款项。这种还贷方式实用性比较低，一般只有一些贷款期限在 1 年以下的小额贷款才会采用这种还贷方式。

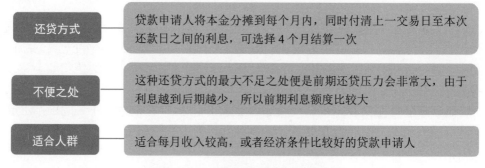

图 8-3　等额本金还款方式的特点

(4) 按期付息还本：按期付息还贷的特点如图 8-4 所示。

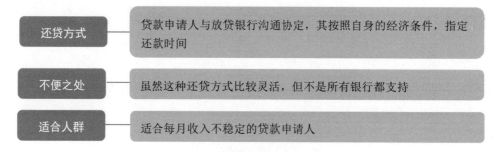

图 8-4　按期付息还贷的特点

2．银行贷款，三大方式即可凑足额度

不少人在银行办理买房贷款时会出现付足了首付款，贷款额度却不够的情况，这是由多重原因导致的，有放贷银行的原因，也有贷款申请人自身的原因，还可能有所买住房的原因。下面笔者就为大家具体分析影响房贷额度的因素。

(1) 银行贷款额度告急：近年来房贷利率不断上升，据数据显示，2018 年 2 月全国首套房贷款平均利率为 5.46%，而 2017 年 2 月首套房贷款平均利率 4.47%，上升 22.15%，并且随着国家资金政策逐渐缩紧，利率将进一步上升，贷款的额度将变得更紧张。

如今有买房需求的人很多，有的是为了自住，有的是为了投资，还有的是为了资产保值，无论目的如何，这些人大多不是自己全款买下房子，而是向银行贷款买房，这便导致银行的房贷额度越发紧张，很多人当年申请下房贷，但要等来年才能放款。

(2) 房贷首付比：贷款买房时一般需要支付总房款的 30%作为首付，然后根据购房者的工资收入和年龄计算贷款的期限和贷款的额度，通常房贷的额度不能大于房款总额与首付款的差。

现在很多年轻购房者是由父母帮忙凑足了首付，其自身收入水平并不高，所以导致房贷额度不够。

(3) 还贷能力：贷款申请人的还贷能力与其月收入密切相关，关于贷款申请人的还款能力，放贷银行有系统的还贷能力系数作为参考。还贷能力系数的计算公式为：还贷能力系数=贷款人月收入/贷款月供。贷款申请人的还贷能力系数越高，银行审批下来的贷款额度就越大。

通常银行要求贷款申请人支付的月供为其月收入的 50%左右，但一些人急于买房，经常会在月收入不高的情况下选择月供比较高的贷款，导致贷款额度不够多的情况出现。

(4) 二手房房龄：贷款申请者申请购买二手房的贷款时，放贷银行在审查阶段会考察贷款申请者将要贷款购买的二手房的房龄，房龄越短越好，房龄短不仅能让贷款更容易通过审批，还能增加贷款额度。

一般放贷银行要求贷款购买的二手房房龄在 20～25 年之间，如果房屋质量比较好，放贷银行相关政策又比较宽松的话，房龄可放宽至 30 年。不过也有的银行审查比较严格，要求二手房龄要在 10～15 年之间。

(5) 个人征信：银行在开始任何贷款申请的审查时，都会查看贷款申请人的个人征信，特别是无抵押的个人信用贷款，对贷款申请人的个人征信更重视。

一般放贷银行会考察贷款申请人两年内的信用卡征信记录和 5 年内的贷款征信记录，审查比较严格的放贷银行还会考察更早之前的个人征信记录。

而贷款申请人的个人征信记录中，如果有连续 3 次或累计 6 次逾期的严重不良信用记录，贷款申请很可能会被拒绝。就算不被拒绝，贷款额度也会被降低。

如果房贷额度不足，又该如何凑足呢？下面笔者就为大家介绍 3 种比较常见和实用的方法。

1) 组合贷款

申请组合贷款是比较常用的凑足房贷额度的方法。所谓组合贷款，就是指如果某人符合个人住房商业性贷款的申请条件，同时又缴纳了住房公积金，就可以在申请个人住房商业性贷款的同时申请个人住房公积金贷款。组合贷款的基本申请流程如图 8-5 所示。

从上述流程中也可以看出组合贷款的弊端，那就是手续复杂，审批时间长，并且不是所有银行都支持组合贷款的方式。

2) 楼盘合作银行

部分银行的放贷审核比较严格，可能会因为贷款申请人的个人征信报告中不小心产生的一次信用卡逾期记录,而降低贷款申请人的放贷额度。也可能因为放贷银行的风控政策,导致贷款申请人的放贷额度下降,这时贷款申请人与其花费大量时间和精力去寻找降低贷款额度的原因或者是与放贷银行进行沟通,不如直接换一家银行申请房贷。

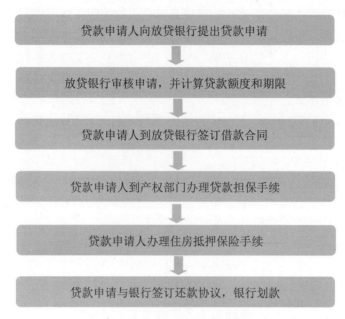

图 8-5　组合贷款的基本申请流程

最好的再次申请房贷的银行就是与贷款申请人所购买房屋楼盘合作的银行。在这些银行贷款,申请人的房贷额度不仅不会下降,还有可能得到银行的利率优惠。

3) 接力贷款

接力贷款便是某人为贷款所购得的房子的所有权人,而这个人的父母中的一方与其共同作为贷款的借款人。简单一点说,就是贷款所购得的房子属于贷款申请人,但房贷由贷款申请人与其父母中的一方共同承担还贷义务。

在这种方式下,贷款申请人的月收入与其父母中的一方的月收入大于或等于房贷的两倍月供,就可以提高房贷的额度。目前很多家庭条件不错的年轻上班族都是通过这种方式贷款买房的,但这种方式也有一定限制,就是贷款申请人的年龄与其房贷的期限之和不能大于 70 年,所以接力贷款可以办理的期限比较短,每月还贷的压力也比较大。

3. 信用卡买房,巧妙解决首付问题

用实体信用卡贷款买房一般是用来付首付的,在进行此项操作时,我们还要了解以下几个问题。

1）无法分期，也没有积分

银行方面表示，如果在刷卡机终端显示的是将信用卡用于购车、购买车位、批发业务等类型的消费，是无法申请账单分期的。

因此，用户在使用信用卡贷款买房之前，要全面掌握自己的经济能力，避免盲目刷卡，如果在短时间内无法还款，就可能会对个人的信用造成恶劣影响。对于买房这类利润较低的业务，银行是不提供信用卡积分的，因此，用户在刷卡买房时也要注意这一点。

2）二手房无法刷卡交首付

一般来说，二手房的首付需要通过银行转账的方式进行支付，就算要用信用卡支付也要取现才可以，而且有的地区对信用卡支付的首付款有政策限制，并不通用。

3）退款时间长

用户用实体信用卡交首付和定金之后，也有可能因为各种原因取消购房，所以开发商的退款时间会比较长，这个时间一般要长于一个月。用信用卡贷款买房风险比较大，不可避免会产生套现的嫌疑，更严重的还有可能会影响用户的信用额度，其他消费也会受到限制。

4．信用记录，贷款买房不能这样做

了解以上关于依靠个人信用价值买房的方法和技巧之后，还有一些误区也是大家所需了解和规避的，笔者将这些误区总结为以下 3 点。

1）多张信用卡一起刷

房子的首付款和汽车的首付款不同，房子的首付款额度一般比较高，如果额度不够，最好不要用几张信用卡一起刷。较为保险的方法是刷两张额度比较大的信用卡，因为多张信用卡一起刷有套现的嫌疑。

2）不了解刷卡手续费的承担问题

用户在使用信用卡买房之前，最好先了解手续费的相关问题，确定是自己承担还是房地产开发商承担，以免造成纠纷和遗留问题。

3）临时额度申请

如果两张额度比较大的信用卡仍然无法满足首付要求，可以向银行提起临时提额的申请，但要确保账单能够及时还清，否则会对个人信用记录造成不良影响。

8.2 买车缺钱？信用卡分期贷款，轻轻松松提新车

随着收入和生活水平的提高，越来越多的人在条件允许的情况下会选择购买汽车来代步。而利用信用贷款买车，就是发挥信用价值的力量，让信用为消费买单，利用

信用额度可以有效缓解买车压力。

对于有购车欲望而资金不足的人来说,眼下车市中主要有 3 种车贷方式可供选择,即银行贷款、信用卡分期付款、网络虚拟信用贷款。

这 3 种贷款购车方式的首付一般都是 3 成,贷款时间为 3~5 年。对借款人来说,选择最适合自己经济状况的贷款方式是最重要的,那么这三者之间有什么区别吗?笔者总结了以下 3 点,供大家参考。

(1) 从门槛来看,申请银行汽车贷款需要的程序和手续相当苛刻,首付通常在 3 成左右,贷款时间最长可达 5 年,借款人的月供压力比较小,适合信用记录良好和经济稳定的借款人。

(2) 信用卡分期付款的审核门槛次于银行,虽然它也有审核过程,但要宽松一些。不过,信用卡分期付款的首付比例要求比较高,贷款金额也受到限制,而且最长贷款时间只有两年,还款人需要承担的月供和首付压力是最大的。

虽然信用卡分期付款的利息为零,但一般存在手续费,两项相抵后优惠并不明显,适合已经是该银行的信用卡客户且有一定宽裕资金的消费者办理。

(3) 汽车金融公司车贷的门槛最低,月供压力也比较小,通常会成为难以通过商业银行审核、难以承受信用卡分期付款月供压力的消费者,比如已有不良信用记录的人群的重要选择。

三者之中,银行汽车贷款针对的车型最广,几乎覆盖了所有市面上的车型,而信用卡分期付款通常都是和厂家联合推出这项业务,因此针对的车型有局限性。借款人在选择贷款业务时,应该综合衡量进行选择。以下笔者就为大家介绍 3 种贷款买车的方式。

1. 信用卡贷款,一次性付清车款

前面章节已经提到过实体信用卡的种种好处,通过实体信用卡买车的好处也有很多,比起信用贷款,使用信用卡买车具有审批速度较快、手续相对简单和优惠福利活动多 3 个优势。

一般来说,用实体信用卡买车都是分期进行的,这也是银行推出的一种信用卡分期业务,持卡者能申请的信用额度以银行的判断为主,范围为 2 万~20 万元,分期的种类则分为 12 个月、24 个月和 36 个月这 3 类。

用实体信用卡分期买车还有一大好处就是没有贷款利率,费用集中在手续费上,相对而言是比较低的,比直接贷款购车更加实惠,因为没有利息。

同时,想要用实体信用卡买车还要符合一系列条件,或者说要提供种种证明,具体内容如图 8-6 所示。

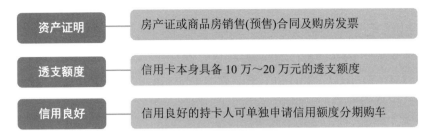

图 8-6　用实体信用卡买车需要符合的条件

由此可见，信用价值是多么重要，信用记录良好的用户甚至可以单独申请信用额度购车，如果没有信用记录就无法享受这样的优惠了。目前各大银行推出的信用卡分期购车业务主要有以下几种。

(1) 招商银行"车购易"。
(2) 中国工商银行牡丹卡分期购车。
(3) 中国建设银行龙卡分期购车。
(4) 中国银行"车贷通"(仅限北京地区)。
(5) 民生银行"购车通"业务。

虽然使用信用卡分期购车有诸多优惠，各大银行也推出了不少业务，但同时门槛也是比较高的，主要门槛如图 8-7 所示。

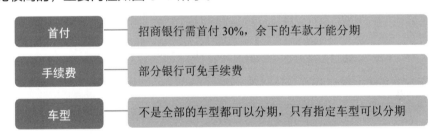

图 8-7　用实体信用卡分期购车的主要门槛

此外，用实体信用卡分期购车还有一些事项是需要大家注意的，具体如下。

(1) 首付不能分期付款。
(2) 提前还款无法退还手续费。
(3) 分期购车的车险与分期期限一致。
(4) 建行信用卡购车手续费需一次性支付。

2. 信用卡分期，免息免手续费

接下来笔者向大家介绍信用卡分期付款，以建设银行推出的龙卡购车分期付为例，向大家介绍信用卡分期购车的具体操作：同意支付首付款、购买银行指定经销商的汽车、分期付款、按时还款。

需要注意的是，建设银行龙卡信用卡分期付不包括商务卡、学生卡、附属卡和担保办卡。还需注意的一点是，有的信用卡分期买车会提出"零利息""零手续"的优惠来吸引人，但其中往往存在一些陷阱。

有的免息、免手续费车型的价格要高于市场同类车型，所以并没有真正体现免息、免手续费的优惠，这一点需要使用信用卡购车者货比三家。

建设银行提供的分期购车业务主要包括 12 期和 24 期，申请分期购车的持卡人申请的信用额度与个人的信用记录和消费习惯紧密相关。购车分期金额区间则为 20 万元到 200 万元，主要是根据车型来确定金额。

此外，建设银行的首付也必须通过现金或者借记卡的形式支付，首付比例不得低于净车价的 30%。那么，建设银行龙卡购车分期付的流程究竟是怎样的呢？笔者总结其具体步骤，如图 8-8 所示。

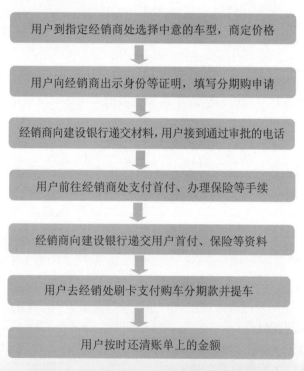

图 8-8　建设银行龙卡购车分期付的具体步骤

想要申请建设银行龙卡购车分期付的用户可以在龙卡信用卡分期购车的网页上查看相关信息。比如用户对哪个汽车车型感兴趣，就可以点击促销活动看有没有相关的优惠，主要包括可用额度、可选期数、持卡人利息、持卡人手续费率、车型、首付比例、信用卡积分等。

总之，用户在进行信用卡分期购车之前，一定要全面了解各项情况，根据自己的需求和条件,选择最适合自己分期的车型和方式。

3. 京东汽车白条,共享白条额度

随着网络虚拟信用卡的迅速发展,网络虚拟信用贷款的用途越来越广泛,以京东白条为例,它使用的场景就十分广泛,主要有旅游白条、安居白条和汽车白条这3种类型。

笔者主要介绍京东的汽车白条,也就是用网络虚拟信用贷款买车,要想申请汽车白条比较简单,具体如图8-9所示。

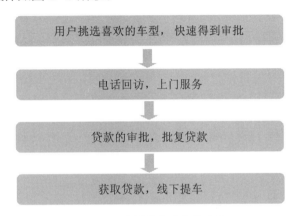

图8-9 申请汽车白条的步骤

8.3 公积金贷款,如果允许,应用最大化

住房公积金是指国家机关、国有企业、城镇集体企业、外商投资企业、城镇私营企业及其他城镇企业、事业单位及其在职职工缴存的长期住房准备金。职工缴存的住房公积金和职工所在单位为职工缴存的住房公积金,是职工按照规定储存起来的专项用于住房消费支出的个人储金,属于职工个人所有。职工退休时本息余额一次性付偿,退还给职工本人。

住房公积金贷款是指由各地住房公积金管理中心运用职工以其所在单位所缴纳的住房公积金,委托商业银行向缴存住房公积金的在职职工和在职期间缴存住房公积金的离退休职工发放的房屋抵押贷款。

1. 住房公积金贷款的好处

公积金贷款不仅可以用于新房贷款、二手房贷款、自建住房贷款和装修贷款,还可以用于商业性住房贷款转公积金贷款等。

众所周知,公积金贷款是大多数人首选的贷款方式,除了其低首付、低利率之

外，还有哪些好处吸引着大众呢？笔者总结了以下 3 点。

（1）贷款的额度高，并且年限比较长，还款方式非常灵活，可以根据自身情况确定还款方式。

（2）个人公积金的管理中心给出了一个最低还款额，在每个月的还款额不少于这个最低还款额的前提下，贷款人可以根据自己的经济状况，自行选择每月还款额的还款方式。

（3）公积金的贷款不仅可以用于购买新房，同时还可以用于购买二手房。

2．住房公积金贷款和商业贷款的区别

从前文的内容中可以知道，住房公积金贷款相对于商业贷款具有利率低、还款方式灵活等优点，其缺点是手续复杂，并且审批时间长。

以下笔者将从 3 个方面向大家介绍住房公积金贷款和商业贷款的区别，以帮助大家能够结合自身情况更好地选择适合自己的贷款方式。

1）从利率来看

公积金贷款 5 年期以下的利率固定为 2.75%，5 年期以上的利率固定为 3.25%。

商业贷款的利率基准为 4.35%，各银行可以根据各地的情况在利率基准上上下浮动。这也是在商业贷款中，各银行的利率不一样的原因。

2）从贷款的额度来看

公积金的贷款额度一般不会超过 100 万元。

商业贷款可以根据所购住房的情况和个人的资质确定贷款额度，没有明确的上限。

3）从还款方式来看

公积金贷款的还款方式非常人性化，可以自由还款，还可以设定每月的最低还款额，这些都是商业贷款所无法比拟的。

3．各地公积金的额度

住房公积金是具有一定额度限制的，经过笔者的调查和了解，总结了以下两点。

1）贷款金额不能超出个人的还款能力

也就是说，个人贷款金额为：(借款人每月缴存额/借款人公积金缴存比例+借款人配偶每月缴存额/借款人公积金缴存比例)÷2×12(月)×借款期限。

2）和配偶的公积金挂钩

贷款人及其配偶必须具备偿还本息后，月平均收入不能低于当地居民的最低生活保障能力。除此之外，申请公积金贷款还需要满足月还款除以月收入不大于 50%。

4．公积金贷款需要哪些费用

我们所买的个人住房有很多种类型，比如商品房、限价房、二手房以及拍卖房。

房屋的类型不同，收取的费用也是不一样的，具体情况如图 8-10 所示。

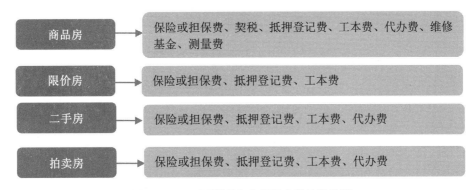

图 8-10　不同类型房产公积金贷款的收费

图 8-10 中需要缴纳的费用适用于商业贷款与公积金贷款。如果是用公积金贷款，收费是有一定标准的。

保险或担保费：纯公积金贷款为贷款额×相应费率×贷款年限；组合贷款为房款总额×相应费率×贷款年限。

契税：房款总额×1.5%。

抵押登记费：贷款额×1.5%(不超过200元)。

工本费：商品房为纯公积金贷款 160 元，组合贷款 170 元；其他为纯公积金贷款 80 元，组合贷款 90 元。

代办费：纯公积金贷款为 200 元，组合贷款 250 元。

维修基金：建筑面积×40 元/m²。

测量费：建筑面积×0.19 元/m²。

5. 新房办理公积金贷款的流程

笔者在前文提到过，公积金贷款比银行商业贷款的手续要复杂，那么购买新房究竟如何办理公积金贷款呢？以下为公积金贷款的基本流程。

（1）贷款人需要到银行提出书面申请，填写住房公积金的贷款申请表并提供相关资料。

（2）如果贷款申请的资料齐全，银行会及时受理审查，并且报送到公积金中心。

（3）公积金中心会负责审批贷款，并将审批结果通知银行。

（4）银行通知申请人办理贷款的手续。贷款人的夫妻双方和银行一起签订借款合同以及相关合同，并将借款合同等手续再次送到公积金中心复核。

（5）公积金中心核准之后，会划拨委贷基金，由银行按借贷合同的约定按时、足额发放贷款给贷款人。

（6）如果是以住房作为抵押的方式进行担保，借款人还需要到房屋坐落地区的房屋产权管理部门办理房产抵押登记手续,抵押合同由夫妻二人签字生效;以有价证券质押的,借款人将有价证券交管理部收押保管。

8.4 关于商业贷款,一定要选择利率最低的

如今很多年轻人根据自身的需求和经济情况,都加入购房大军中来。但是对于绝大多数人来说,上百万元的资金不是一笔小数目,所以大多数人在买房时都会选择贷款。

在没有住房公积金的情况下,大多数人选择商业贷款买房,通常能够提供住房贷款的都是当地各大银行。众所周知,银行与银行之间是有竞争的,因此,笔者建议大家,在贷款买房之前熟悉并了解各大银行的优惠政策,货比三家,选择一家实惠的银行贷款。

在银行办理购房商业贷款的流程是怎样的呢?根据笔者的经验与了解,各大银行的贷款流程不尽相同,但通常会经过以下6个步骤。

(1) 借款人到所要贷款的银行办理借款的申请,并提供贷款申请资料。

(2) 贷款的银行审核申请合格之后,出具贷款意向书,借款人领取贷款需要填写的表格。

(3) 借款人凭借贷款意向书签订购房合同。

(4) 借款人与银行签订抵押合同并将自筹资金存入贷款银行。

(5) 到产权部门办理"房屋他项权证"和"房地产抵押确认书",然后办理担保手续。

(6) 贷款银行将贷款和贷款人的存款一起转入售房单位的账户中。

以上为银行商业住房贷款的基本流程,其他细节步骤以各银行为准。接下来笔者以各大主流银行为例,介绍各银行的利率政策。

1. 工商银行的住房贷款

在工商银行申请个人住房贷款应具备以下3个条件。

(1) 贷款人是具有完全民事行为能力的自然人。

(2) 年龄为18(含)~65(含)周岁。

(3) 无不良信用记录,并具有良好的还款意愿。

贷款可以用于购买房地产开发企业依法建造、销售或预售的住房。贷款最长期限为30年,并且贷款人的年龄和贷款期限之和不能超过70年;最高贷款金额可以达到所买住房市场价值的70%,在贷款过程中银行不会收取其他费用。

工商银行的个人住房商业贷款有5种灵活的还款方式,如图8-11所示。大家可

以根据自身情况选择还款方式。

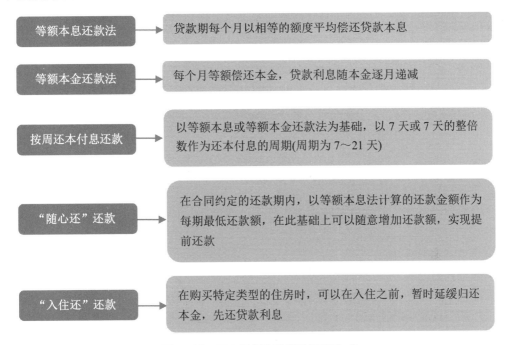

图 8-11 工商银行商业贷款还款方式

2. 中国银行的住房贷款

中国银行的个人一手住房贷款用于贷款人购买一手个人住房，单笔贷款额度不能超过所购住房价值的 70%，人民币贷款的最长期限不能超过 30 年，外币个人住房贷款的最长期限不能超过 8 年。

中国银行的个人住房商业贷款有 3 种灵活的还款方式，即一次性还本付息法、等额本息还款法和等额本金还款法偿还贷款，大家可以根据自身情况选择还款方式。

当借款的合同生效之后，如果贷款人拥有了资金来源，可以提前向中国银行提出部分或者全部还款的申请。

3. 农业银行的住房贷款

农业银行一手住房贷款用于借款人购买首次交易的住房，贷款期限最长不能超过 30 年，贷款的最高额度不能超过所购住房成交价格的 80%。农业银行的贷款利率在中国人民银行的基准利率上下浮动 15%。

农业银行可以采用规定利率、浮动利率或者固定加浮动利率(即混合利率)的方式锁定贷款利率，以此规避加息所增加的还款压力。贷款申请成功之后，农业银行还会提供一些后续服务，如图 8-12 所示。

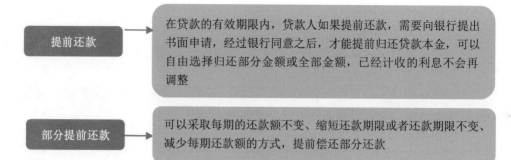

图 8-12 农业银行提供的后续服务

4. 建设银行的个人住房贷款

建设银行的个人住房贷款用于城镇购买、建造各大类型的住房。凡是在中国具有居留权并具有完全民事能力的中国公民和外国人都可以申请建设银行个人住房贷款。

建设银行的贷款期限不能超过 30 年。关于贷款金额，建设银行根据所购买的住房面积大小提出了两种方案，即自住住房的套型建筑面积在 90 平方米以下的，最高可以贷房屋成交价格的 80%；住房的套型建筑面积在 90 平方米以上的，最高可以贷房屋成交价格的 70%(剩余部分即为所购房屋的首付)。

5. 交通银行的住房贷款

交通银行一手房按揭贷款用于购买首次交易住房的，有住房公积金商业性组合贷款和纯商业性住房贷款两种贷款形式。

交通银行的贷款期限最长也不能超过 30 年，但其贷款额度可以达到房产价值的 80%。除此之外，交通银行还具有 4 大特色。

1) 节省贷款成本和费用

尽量减少贷款人的贷款成本和利息的支出。

2) 丰富的配套贷款产品

交通银行有装修贷款、e 贷通等产品可供选择。当一手住房的贷款逐步归还之后，会有新的抵押额度，此时借款人便可以再次办理其他贷款。

3) 灵活多样的还款方式

支持等额本金法、等额本息法以及分阶段还款法等多种还款方式。

4) 方便贴心的贷后服务

交通银行在贷款之后会向用户提供便捷的还款、贷款提醒服务，以及贷款变更服务。

6. 招商银行的住房贷款

招商银行的贷款期限最长也不能超过 30 年，其贷款额度可以达到房产价值的 70%。招商银行有一个特别的服务，即"直客式"流程。

什么是"直客式"流程呢？"直客式"流程是指既可以使用银行的贷款，又能享受一次性付款折扣，在此基础上还可以享受利率的优惠。

但这种福利不是人人都能享受的，需要满足一定的条件：借款人为招商银行的私人银行客户、钻石卡客户、金葵花客户和信用卡白金卡客户，或借款人为公务员、医生、教师或者事业单位的员工以及经过招商银行认定的优质客户才可以申请。

7. 兴业银行的住房贷款

兴业银行的个人一手住房贷款用于购买初次交易的商品住房，并以此(所购房产)作为抵押担保向银行进行贷款，具有还款宽期限、随薪供、双周供等功能供用户选择。

贷款的期限最长不能超过 30 年，贷款人的年龄和贷款期限之和不能超过 70 年。首付款比例不能低于 30%，实施利率在中国人民银行规定的利率基准上上下浮动。

8. 民生银行的住房贷款

民生银行的一手住房按揭贷款是指申请人在向房地产购买住房时，先将首期房款交清，其他部分由民生银行贷款，并将所购得的房产作为抵押，进行分期还本付息。贷款的期限最长不能超过 30 年，贷款人的年龄和贷款期限之和不能超过 70 年，最高借款金额可达所购房产成交金额的 80%。

9. 浦发银行的住房贷款

浦发银行个人住房商业贷款的最长期限也不能超过 30 年，并要求贷款人的年龄在贷款到期时不超过 70 周岁。

在浦发银行进行个人住房商业贷款，可以享受还款方式多样化、自由选择扣款日期、调整还款方式和贷款期限以及"及时语"温馨短信提醒等功能。